INTIMATE MARRIAGE
SERIES

바람과 집착
DREAMS AND DEMANDS

친밀한 크리스찬 커플을 위한 7가지 성경공부 교재

댄 알렌더, 트렘퍼 롱맨 3세 지음
신겸사 옮김

Grace 은혜출판사

InterVarsity Press
P.O Box 1400, Downers Grove, IL 60515-1426
World Wide Web: www.ivpress.com
E-mail: mail@ivpress.com

InterVarsity Press® is the book-publishing division of InterVarsity Christian Fellowship/USA®, a student movement active on campus at hundreds of universities, colleges and schools of nursing in the United States of America, and a member movement of the International Fellowship of Evangelical Students. For information about local and regional activities, write Public Relations Dept., InterVarsity Christian Fellowship/USA, 6400 Schroeder Rd., P.O. Box 7895, Madison, WI 53707-7895, or visit the IVCF website at ⟨www.intervarsity.org⟩.

CONTENTS

여정을 시작하면서

꿈 그리고 집착

사람들이 결혼하기를 학수고대하거나 또 그러다가 실제로 결혼을 하는 것은 미래에 대한 꿈과 희망 때문이다. 그리고 결혼에 대한 그러한 환상은 앞으로 다가올 현실적인 문제들에 의해서도 좀처럼 흐려지지 않는다. 그러나 그 꿈들을 가로막아서는 장애물들이 실제 현실이 되어 나타나게 될 때, 그들의 꿈은 곧 집착으로 변하고 만다. 이 책은 그러한 꿈과 집착들(자녀, 돈, 질투심, 권태감, 학대)에 대하여 살펴볼 것이다. 그리고 새로운 소망과 실질적인 도움 또한 제시하게 될 것이다.

성경적 결혼 모형

우리 모두는 행복한 결혼생활을 원한다. 부부가 좋은 관계에 있지 못한 사람들은 관계가 개선되기를 원하고, 좋은 관계를 맺고 있는 부부들은 더 친밀한 관계를 바란다.

우리는 우리의 배우자를 알기 원하며, 또 우리의 배우자들이 우리를 알기 원한다. 우리는 배우자에게 사랑받고 싶어 하며 또한 그들을 사랑하기 원한다. 한마디로, 우리는 하나님께서 애초에 의도하셨던 성경적인 결혼의 모본을 원하고 있다. 그것은 남편과 아내가 각각 부모를 떠나, 친밀한 연합의 삶을 이루고, 육체적으로도 한 몸이 되는 축복을 누리는 것이다.

이 책의 각 장(章)들은 단지 '원만한 결혼생활' 만을 위하여서 뿐 아니라 하나님께서 당신 부부를 위해 예비해두신 '관계의 풍성함' 을 만끽할 수 있기 위해서 무엇이 필요한지를 배울 수 있도록 하나님의 말씀인 성경의 지혜를 탐구해나갈 것이다. 하나님께서 만드신 성경적인 결혼의 모형은 다음과 같은 모습을 띠고 있다.

- 남편과 아내를 더욱 친밀하게 연합시킨다
- 결혼이란 한 인간의 다른 인간을 향한 최우선적인 사랑이라는 점을 서로 이해한다
- 배우자를 향한 사랑과 지식이 점점 더 증가되어져간다
- 영적 성장의 장이 된다
- 따뜻한 용서가 있기에 죄에 대한 스스럼없는 고백이 가능하다
- 서로를 향한 긍휼의 마음을 훈련하는 연단의 장이 된다
- 하나님의 자녀들을 향한 그분의 사랑을 드러낸다
- 하나님의 선물로서의 육체적 친밀함을 즐길 줄 안다
- 인생의 기쁨들과 아픔들을 함께 나눈다
- 죄인을 성인으로 변화시켜가는 역할을 감당한다
- 하나님의 형상을 닮은 존재로서의 서로의 영광을 이끌어낸다

물론 이밖에도 더 많은 특징들이 있을 것이다. 성경은 이에 관한 풍성한 통찰력을 제공하고 있다. 그리고 이 책의 탐구 주제들은 우리의 결혼생활에 그 풍성함을 가져다주는 역할을 하게 될 것이다.

교재 사용법

이 교재는 다양한 방식으로 사용될 수 있다. 각 개인이 자신의 경건생활을 위해서나, 부부가 함께 공부하기 위해서나, 또는 소그룹 모임들이나, 그 밖에 이상의 모든 복합적인 형태의 사용자들에 의해서도 활용이 가능하다. 교재의 각 장(章)들은 다음과 같은 부분들로 구성 되어져있다.

여는 말. 각 장(章) 서두의 몇몇 인용문들은 그 장의 주제들에 대해 사람들이 가지고 있는 생각들이 어떤 것인지를 짐작하게 해줄 것이다. 이 인용문들 다음에는 토론을 위해

사용될 수 있는 질문이 뒤따라 나온다.

본격 탐구. 이 부분에서는 한 개 이상의 핵심 성경 본문이 제시되어질 것이다. 또 여기에서 주어지는 질문들은 성경 본문의 주요 내용들을 전체적으로 숙지하게 하며, 당신의 결혼생활에 그 말씀들을 실제로 적용할 수 있도록 도움을 줄 것이다. 또한 이곳저곳에 배치되어있는 '부연 설명란' 들은 성경본문의 배경이나 질문 등과 관련하여 당신의 풍성한 이해를 돕게 될 것이다.

부부 코너. 이 부분은 당신의 결혼생활에 특별한 적용과 결심을 위한 기회가 제공되는 곳이다.

보너스. 여기에서는 당신 스스로 탐구할 수 있는 좀 더 심화된 내용들을 다루고 있다. 당신이 그룹에 속해 이 교재를 공부하고 있다면, 주중에 당신의 배우자와 함께 이 '보너스' 부분을 살펴본다면 더욱 유익할 것이다.

소망하기는 이 교재가 당신의 결혼생활을 더욱 행복하고 아름답게 가꾸어가는 일에 도움이 되기를 바라는 마음이다. 우리는 당신이 당신 자신에 대해서는 냉혹하게 정직하고, 당신의 배우자에게는 지혜롭게 정직할 것을 권면한다. 만일 당신이 당신 자신과 하나님의 말씀인 성경 앞에서 기꺼이 정직해질 수 있다면, 하나님은 분명히 당신의 결혼생활에 위대한 일을 행하실 것이다. 그렇게 될 수 있기를 기도한다.

1

다자(多子) 혹은 무자(無子)?

FRUITFUL OR BARREN?

“오해는 마세요. 저는 우리 아이들을 사랑하니까요. 하지만 너무 많은 시간과 에너지가 아이들에게 집중돼요. 우리 부부를 위한 둘 만의 시간은 하나도 없어요.”

“전 두려워요. 지금까지 아이를 갖기 위해서 온갖 노력을 다했는데, 결국 아이를 갖지 못할까봐 겁이 나요.”

“남편은 제가 자기에게 관심을 가져주지 않는다고 화를 내요. 하지만 남편은 자신을 스스로 돌볼 수 있는 어른이잖아요. 아이들은 절대적으로 제 관심이 필요한 때이고요.”

▶ 여는 말

결혼은 기본적으로 ‘남편’과 ‘아내’, 두 사람의 이야기이다. 하지만 대부분의 부부들에게는 ‘자녀들’이 딸려있다. 그리고 자녀들은 그 부모들의 관심 중 상당 부분을 차지하게 된다. 자녀들은 부모들의 꿈과 희망이다. 그러나 특히 자녀들이 어린 경우에는, 양육을 위해 부모가 쏟아야 하는 물리적인 에너지는 엄청나다. 또 아이들이 자라갈수록 부모들은 물리적인 에너지보다는 막대한 양의 정신적 에너지를 더 쓰게 된다. 심지어 자녀들이 성인이 되어 부모의 품을 떠나가도, 그들에 대한 걱정을 멈추는 일이란 그리 쉽지가 않다. 자녀들은 분명 축복이다. 그러나 동시에 부부관계에 치명적인 타격을 입히는 요소로 둔갑할 수도 있다. 자녀들로 인해 부부관계에 발생할 수 있는 문제들에는 어떤 것들이 있는가?

▶ 본격 탐구

우리가 아래에서 읽게 될 야곱과 라헬 부부의 이야기는 자녀가 부부관계에 가져올 수 있는 복잡한 문제들에 대한 해결의 빛을 던져줄 수 있을 것 같다.

우리는 불임 여성들의 고통을 어느 정도 짐작하고 있다. 오늘날에도 결혼한 부부가 아이를 낳을 수 없다는 것은 그들 부부에게는 말할 수 없는 절망이고 아픔이다. 하물며 고대 이스라엘과 같은 사회에서 자녀가 없는 괴로움은 더 말할 필요도 없었을 것이다. 부부가 자녀들이 없는데, 어떻게 가문의 명맥을 이어가고, 가문의 기업을 유지해갈 수 있겠는가? 양로원이나 요양소도 없던 그 시대에 자녀를 두지 못한 나이든 부부들은 그들의 생계를 보장해줄 다른 방도를 거의 가지고 있지 못했다. 더더군다나 자식도 없는 여성이 남편마저 죽게 되는 날이면 여성은 그 사회에서 살아갈 자리를 완전히 잃어버리게 되고 마는 것이었다. 오늘날의 우리가 라헬의 불안감을 이해하기 위해서는, 그 당시 여성들의 불임에 대한 공포감을 기억할 필요가 있다.

성경 읽기 〈창 30:1-8〉

1 라헬이 자기가 야곱에게서 아들을 낳지 못함을 보고 그의 언니를 시기하여 야곱에게 이르되 내게 자식을 낳게 하라 그렇지 아니하면 내가 죽겠노라

2 야곱이 라헬에게 성을 내어 이르되 그대를 임신하지 못하게 하시는 이는 하나님이시니 내가 하나님을 대신하겠느냐

3 라헬이 이르되 내 여종 빌하에게로 들어가라 그가 아들을 낳아 내 무릎에 두리니 그러면 나도 그로 말미암아 자식을 얻겠노라 하고

4 그의 시녀 빌하를 남편에게 아내로 주매 야곱이 그에게로 들어갔더니

5 빌하가 임신하여 야곱에게 아들을 낳은지라

6 라헬이 이르되 하나님이 내 억울함을 푸시려고 내 호소를 들으사 내게 아들을 주셨다 하고, 이로 말미암아 그의 이름을 단이라 하였으며

7 라헬의 시녀 빌하가 다시 임신하여 둘째 아들을 야곱에게 낳으매

8 라헬이 이르되 내가 언니와 크게 경쟁하여 이겼다 하고 그의 이름을 납달리라 하였더라

1. 당신은 위 이야기 속의 야곱과 라헬을 보면서 어떤 생각이 드는가?

첩(concubines)

우리는 성경이나 고대 근동 지역의 문헌들을 통해, 그 당시의 남자들이 '첩'이라고 불리는 '두 번째 부인들'을 취하던 관례를 잘 알고 있다. 창세기 30장에서도 볼 수 있듯이, 그런 관행의 이유는 주로 본부인의 불임과 관련을 맺고 있었다.

하지만 고대 근동의 모든 지역에서 그런 관습이 행해졌다는 사실이 하나님께서도 그런 결혼의 모습을 기뻐하셨다는 뜻인가? 아니다. 우리는 결혼제도를 확립해주고 있는 성경 본문인 창세기 2:23-25로부터 하나님께서 '일부일처제'를 제정하셨음을 분명히 볼 수가 있다. 그러나 구약성경의 법은 일부다처제라는 그 당시의 관습을 정죄하고 있지는 않는다. 대신에 아내들 중 가장 사랑을 받지 못하는 아내에게도 음식과 의복과 남편의 몸을 계속 제공하는 일을 끊지 못하도록 하는 규정을 둠으로써 그 관행의 범람을 제한하고 있다(출 21:10-11).

비록 일부다처제가 정죄되고 있지는 않았지만, 구약성경은 확실하게 가르쳐주고 있다. 하나님은 당신의 백성들이 일부다처제를 선호하는 일을 기뻐하시지 않는다는 사실을 말이다. 그 증거로, 우리는 성경의 인물들이 한 사람의 아내를 넘어 그 이상의 아내들을 취했을 경우에, 언제나 그에 따른 막대한 문제들이 발생했다는 점을 성경을 통해 확인하게 된다.

2. 창세기 30:1에 나오는 라헬의 요구는 왜 잘못된 것인가?

3. 그 다음 2절에서, 야곱은 왜 그렇게 화가 났는가?

4. 잘못된 요구이긴 하지만, 아내 라헬의 입장에서 보면 정당한 것이었을 그녀의 요구를 야곱이 비난하지 않으면서도 대응할 수는 없었을까?

5. 자녀라는 '열매' 를 맺은 부모도 여전히 '불모지' 일 수 있는가? 이 점에 대해 생각해보고 말해보라.

6. 부부관계에 있어서 초점이 자녀에게만 맞춰져있을 때, 결혼생활에 어떤 갈등을 불러올 수 있는가?

7. 부부는 종종 서로를 어떤 식으로 조종하려고 하는 경향이 있는가?

외로움과 자식 그리고 안정감

창세기 3장에 보면, 하나님께서 아담과 하와의 죄에 대하여 징계를 내리시는 장면이 나온다(창 3:16-19). 그런데 아담과 하와에게 각각 다르게 주어진 징계의 내용들은 남자와 여자의 특성에 대해 무언가를 드러내 보여주고 있다. 아담의 '일' 은 저주의 영향권 아래 놓이게 되었다. 열심히 일을 해도, 일한 만큼 열매가 맺히지 않게 될 것이었다. 반면, 하와에게 임한 징계의 영역은 '관계' 에 관한 것이었다. 그리고 그 결과, 하와는 외로움을 느끼게 될 것이었다. 게다가 그들의 삶 모두는 죽음으로 끝나도록 되어졌다. 이런 관점에서 볼 때, 우리는 자녀의 중요성과 또 왜 부모들이 그들의 자녀에게 그토록 집착에 가까울 정도로 매달리게 되는지를 알 수 있게 된다. 여자에게 있어서, 자녀는 그들의 '외로움에 대한 탈출구' 가 되기 때문이다. 그리고 남자에게 있어서, 자녀는 힘들게 노동해야만 먹고 살 수 있는 세상에서 큰 도움이 되는 '일손' 인 것이다. 또한 남자와 여자 모두에게 있어서는, 자녀란 자신들이 죽고 난 후에도 후손들의 기억 속에 혈통을 통해 자신들이 살아있을 수 있는 '생존 방식' 이 되기 때문이다.

8. 만약 야곱과 라헬 부부에게 조언할 수 있다고 한다면, 당신은 뭐라고 말해주고 싶은가? 두세 가지 정도만 이야기해보라.

▶ 부부 코너

당신 부부는 어떻게 서로를 조종하려고 애써왔는가? 서로에게 그 일에 대해 고백하고, 용서를 구하라.

- **아직 자녀를 두지 않은 부부들에게** : 당신 부부의 미래와 자녀를 두는 문제에 대하여 서로 이야기해보라. 그리고 아이들을 낳은 후에도 정기적으로 부부만의 시간을 가질 것을 서로 약속하라.
- **이미 자녀를 둔 부부들에게** : 당신 부부는 자녀들을 낳은 후에도, 부부의 관계를 얼마나 잘 유지해오고 있는가?

정기적으로 자녀들로부터 분리된 부부 둘만의 시간을 가져왔는가? 어떻게 그 일이 가능했는가? 혹은 왜 그렇게 하지 못했는가?

부부만의 시간을 마련할 수 있는 방법들에 대하여 연구해보라.

▶ 보너스

창세기 29장은 야곱이 외삼촌 라반에게 어떻게 속아서 레아와 결혼하게 되고, 또 라헬을 아내로 얻는 조건으로 7년을 다시 외삼촌에게 봉사하게 되었는지를 기록해주고 있다. 그리고 그 다음 30장에는 야곱의 아내가 된 두 자매, 레아와 라헬의 이야기가 이어진다. 창세기 30:9~21까지를 읽어보라. 그리고 라헬과 레아 간의 관계가 어떻게 전개되어 가는지를 말해보라. 또한 라헬이 느끼고 있는 두려움의 실체에 대해서도 생각해보라. 라헬의 이야기는 '꿈'이 '집착'으로 변하게 될 때 어떤 일이 발생하는지에 대하여 무엇을 가르쳐주고 있는가?

합환채(mandrake)

합환채는 그 옛날 일종의 강장제로 쓰이던 식물이었다. 창세기 30장의 이야기 속에서도 볼 수 있듯이, 그 시대의 부부간의 성(性)은 자녀를 생산하기 위한 '일' 이었다. 레아와 라헬은 아이를 낳는 '경쟁' 에 있어서 서로를 앞서기 위해 남편 야곱을 힘들게 하였다. 따라서 야곱은 아마 강장제와 같은 약물의 도움이 필요했는지도 모르겠다. 하지만 그들의 이야기 속에 합환채와 같은 식물까지 등장하는 것은 야곱이 자신의 아내들에게 있어서 그저 '자녀 생산 도구' 정도밖에는 인식되고 있지 않았던 것은 아닌지를 생각해보게 한다.

본격 탐구 노트

Study 1. 다자(多子) 혹은 무자(無子)? <창 30:1-8>

목적: 부부관계에 있어서의 자녀의 정확한 위치를 인식하기 위함

질문 1. 이 질문에 대한 대답은 다양할 수 있다. 어떤 사람들은 야곱이 가엾다고 생각하기도 할 것이고, 또 다른 이들은 그가 너무 마음이 유약한 것이라고 느끼기도 할 것이다. 하지만 대부분의 사람들은 라헬에 대해서는 정이 떨어질 것 같다. 왜냐하면, 그녀가 너무 비이성적이고 막무가내처럼 보이기 때문이다. 만약 성경공부 반원들이 모두 그렇게 생각하고 있다면, 고대 이스라엘 사회에서 아이를 낳지 못하는 여성이 겪을 수 있는 비참한 상황에 대하여 상기시켜주는 일도 필요할 것이다.

질문 2. 자녀에 대한 집착은 라헬로 하여금 남편 야곱의 마음을 계속해서 힘들게 만들도록 이끌어간다. 라헬은 야곱에게 야곱이 자신의 힘으로 어찌할 수 없는 일인 '아이' 를 자기에게 만들어내라고 떼를 쓴다. 그녀는 남편을 탓하고 원망함으로써 서로의 사이를 멀어지게 하고 있다. 또한 라헬은 야곱에게 두 번째 부인을 들이도록까지 강요하고 있다. 이 모든 일들은 남편 야곱의 마음을 아내로부터 떨어져나가도록 하였을 것이다. 그

리고 그뿐 아니라, 그들 부부의 이야기가 계속되어감에 따라, 우리는 야곱이 두 번째 부인을 취했던 일이 그의 가정에 온갖 종류의 아픔들을 몰고 오게 되는 것을 보게 된다.

질문 3. 야곱이 아내 라헬에게 벼락같이 화를 내며 공격적인 반응을 보인 이유는 아마도 자신의 '무력함'에 대한 '두려움'과 '자기 통제력의 부족' 때문이었던 것 같다. 그리고 그의 분노는 아내 라헬을 자신으로부터 더욱 멀어지게 만드는 결과만을 초래하였을 것이다.

질문 4. 야곱은 아내를 안심시킬 수 있는 방법들을 찾아볼 수도 있었다. 라헬은 아이를 낳지 못하는 일의 결과에 대해 몹시 두려워하고 있었다. 만약 남편인 야곱이 아내인 라헬의 두렵고 공허한 마음을 달래줄 수 있는 길들을 찾아보았더라면 좋았을 것이다. 그 한 가지 방법으로, 야곱은 자신이 그녀의 두렵고 공허한 마음을 이해하며 공감하고 있다는 사실을 보여줄 수도 있었을 것이다.

질문 5. 열매를 내지 못하는 척박한 땅을 '불모지'라고 부른다. 많은 '불임' 여성들이 마치 자신의 몸을 그리고 더 나아가 자신의 인격 전체를 '하자품'인 것처럼 생각한다. 그러나 엄밀한 의미에서 보면, 자녀를 낳은 부모들도 정신적인 면에서나 영적인 면에 있어서 모두 '불모지'이다. 왜냐하면, 자녀를 낳았다고는 하지만 부모가 그 자녀들이 성장할 수 있는 정신적, 영적 '비옥한 토양'까지를 제공해주지는 못하기 때문이다. 그것은 하나님 그분만이 공급하실 수 있는 영역이다.

질문 6. 부부의 모든 에너지가 온통 자녀에게만 집중되게 되면, 부부 사이는 큰 손상을 입게 된다. 라헬이 그녀의 모든 관심을 오직 아이를 갖는 일에만 쏟게 되었을 때, 남편 야곱과의 관계가 타격을 입었던 것처럼 말이다.

질문 7. 부부들이 서로를 조종하려는 방식들은 아주 다양하다. 라헬은 야곱을 '두려움'과 '자책감'을 이용하여 조종하려고 하였다. 아이를 갖지 못하면 사랑하는 아내 라헬이 정말로 죽어버릴지도 모른다는 '두려움'과 라헬에게 아이를 낳도록 해주지 못하고 있다는 '자책감'을 통해서 말이다. 라헬은 또한 자신의 불임의 원인을 남편 야곱의 탓으로 돌림으로써 야곱을 분노하게 한다. 그리고 그녀는 '두려움'과 '자책감'의 또 다른 형태인 '분노'와 '수치심'을 이용하여 남편이 두 번째 부인을 취하도록 몰아간다. 그러나 기억하라. 모든 결혼이 불행해질 수 있는 원인은 이런저런 이유로 다른 집 부부들이 더 행복할 것이라는 생각 때문이라는 사실을 말이다.

질문 8. 이 질문 역시 여러 많은 대답들을 이끌어낼 것이다. 어떤 사람은 이렇게 충고할 것이다. “하나님만 신뢰하세요. 그렇게 원하는 아이를 갖기 위해서라면, 세상의 풍속이라도 마다하지 않고 좇아가는 그런 방식으로 현재의 상황을 바꿔보려 하지 마세요.” 또 어떤 이는 아이를 갖는 일보다는 부부 서로에게서 행복을 찾으라는 권면을 해주기도 할 것이다. 또 다른 사람은 라헬에게 남편을 그렇게 공격적으로 몰아세워서는 안 된다는 조언을 할 수도 있을 것이다.

보너스 질문. ‘꿈’ 이 ‘집착’ 으로 변하게 될 때의 결과는 거의, 항상 부정적이다. 위 이야기에서도, 라헬의 자녀에 대한 집착은 자신의 언니인 레아와의 가열된 경쟁구도 속으로 서로를 몰아가고 있다. 라헬의 경쟁심은 바로 그녀가 가지고 있었던 두려움의 한 실체이기도 하였으며, 먼 미래에까지 자신이 속해있던 야곱의 가정에 찢어지는 고통을 불러오게 된다. 그것은 창세기 37~50장에 걸쳐 나오는 자신의 아들 요셉과 그의 배다른 형제들에 관한 미움과 배신, 갈등의 이야기 속에 잘 나타나있다.

2

부할 때나 가난할 때나

FOR RICHER OR FOR POORER

"우리는 돈은 많이 가지고 있어요. 그러나 항상 일만 해요. 부부가 서로 얼굴 볼 시간조차 없어요. 무얼 위해 그렇게 열심히 사는 건지 회의가 드네요."

"남편은 너무 무책임해요. 저는 집에서 아이들을 키워야하는데, 남편은 자꾸 직장을 그만둬요. 자기 일에 최선을 다하는 법이 없어요."

"제가 뭐 벤츠 같은 외제 자동차를 원하는 겁니까? 그저 몰고 다니는데 창피하지는 않을 정도의 차를 원하는 거지요."

"돈, 돈, 돈! 당신 머릿속에는 온통 돈 생각밖에는 없어요?"

"신용카드 청구서 봤어? 도대체 나보고 그걸 다 어떻게 갚으라고 쓴거야?"

▶ 여는 말

결혼 서약문에 보면, "부할 때나 가난할 때나, 이 사람을 제 아내와 남편으로 사랑하겠습니다." 라는 식의 내용이 나온다. 전통적인 결혼 서약문에까지 언급될 정도의 것이라면, 그것은 결혼생활에 있어서 특별한 주의를 요하는 삶의 한 부분이라는 확실한 증거일 것이다. 바로 '돈' 문제이다. 돈은 필요하다. 특히 현대와 같은 자본주의 사회에서는 돈이 없다는 것은 곧 거리에 나가 거지가 되어야한다는 말과도 같다. 모든 사람이 생존을 위해 돈 걱정을 하며 살아가고 있다. 당신은 어떤가? 부부가 돈 문제에 대해 대화를 나누는 일이 중요하다고 생각하는가? 왜 그런가? 또는 왜 그렇지 않은가?

▶ 본격 탐구

결혼하는 모든 '신혼부부들' 은 서로 다른 배경들과 기대들을 가지고서 새로운 관계

속으로 돌입한다. 심지어 부부가 같은 경제 계층의 출신 배경을 가지고 있는 경우에조차도, 그들의 부모들은 돈에 대한 서로 다른 태도와 서로 상이한 소비와 절약 성향들을 가지고 있었을 수도 있다. 반면, 많은 수입과 저축금을 가지고 있는 '구혼부부들' 은 자신들의 돈을 어떻게 재투자하고 또 지혜롭게 소비할 수 있는지에 대해 고민을 할 것이다. 재정문제에 대한 싸움은 결코 끝나지 않을 것 같다. 그런데 감사한 것은 성경 잠언서가 돈을 어떻게 바라봐야 할 것인지에 대한 소중한 조언들을 우리에게 선사해주고 있다는 사실이다.

성경 읽기 1. 〈잠 30:5-9〉

[5] 하나님의 말씀은 다 순전하며 하나님은 그를 의지하는 자의 방패시니라 [6] 너는 그의 말씀에
더하지 말라 그가 너를 책망하시겠고 너는 거짓말하는 자가 될까 두려우니라 [7] 내가 두 가지
일을 주께 구하였사오니 내가 죽기 전에 내게 거절하지 마시옵소서 [8] 곧 헛된 것과 거짓말을
내게서 멀리 하옵시며 나를 가난하게도 마옵시고 부하게도 마옵시고 오직 필요한 양식으로
나를 먹이시옵소서 [9] 혹 내가 배불러서 하나님을 모른다 여호와가 누구냐 할까 하오며 혹 내
가 가난하여 도둑질하고 내 하나님의 이름을 욕되게 할까 두려워함이니이다

1. 가난하게 되는 일이 왜 위험할 수 있는가?

2. 부유하게 되는 일이 왜 위험할 수 있는가?

3. 위 잠언서는 부유함과 가난함 사이의 '중용' 에 대해 말씀하고 있는데, '중산층' 사람들에게는 아무런 위험이 없는 것인가?

돈에 관한 잠언들

잠언서를 읽는 일에 있어서, 그 속의 한 가지 잠언에만 집중하는 것은 잠언서 전체의 메시지를 왜곡할 수 있는 위험성이 있다. 결국, 문학적인 형태를 빌려 표현된 한 잠언이 어떤 주제에 대해 다방면적으로 포괄적인 답을 제시해주는 데에는 언어적인 한계가 있기 때문이다. 오히려 잠언은 그것을 대하는 사람으로 하여금 생각하도록 만드는 일종의 '사고유발문(思考誘發文)' 이다. 잠언 하나하나는 적절한 상황에 적용되어질 때에 비로소 진리로서 빛을 발하게 되어있다. 잠언서는 '돈' 이라는 주제에 관한 각각의 수많은 잠언들을 포함하고 있지만, 잠언서는 전체적으로도 주의 깊게 읽혀져야만 한다. 잠언서가 기본적으로 돈 자체를 부정하는 성경이 아니라는 증거는 3:9-10과 같은 말씀 속에서도 보여진다. 그 말씀은 부(富)가 하나님을 공경하는 자에게 주어지는 하나의 보상임을 가르쳐준다(네 재물과 네 소산물의 처음 익은 열매로 여호와를 공경하라 그리하면 네 창고가 가득히 차고 네 포도즙 틀에 새 포도즙이 넘치리라.). 그러나 또한 잠언서는 11:18 같은 곳에서는 그 반대로 어리석은 자들도 때로 부(富)를 얻는다는 사실을 지적해주고 있다(악인의 삯은 허무하되……). 물론 오래가는 것은 아니지만 말이다. 결국, 15:16의 말씀처럼 '지혜' 와 '경건함' 이 '돈' 보다 훨씬 더 중요하다는 것이다(가산이 적어도 여호와를 경외하는 것이 크게 부하고 번뇌하는 것보다 나으니라.). 그리고 이런 의미에서 볼 때, 잠언서 30:5-9의 말씀은 한 덩어리의 잠언이지만, 그것은 결혼한 부부들에게 돈에 관한 그들의 자세가 어떠해야 할지에 대해 많은 것을 생각하도록 해준다.

성경 읽기 2. 〈마 6:19-34〉

19 너희를 위하여 보물을 땅에 쌓아 두지 말라 거기는 좀과 동록이 해하며 도둑이 구멍을 뚫고 도둑질하느니라

20 오직 너희를 위하여 보물을 하늘에 쌓아 두라 거기는 좀이나 동록이 해하지 못하며 도둑이 구멍을 뚫지도 못하고 도둑질도 못하느니라

21 네 보물 있는 그 곳에는 네 마음도 있느니라

22 눈은 몸의 등불이니 그러므로 네 눈이 성하면 온 몸이 밝을 것이요

23 눈이 나쁘면 온 몸이 어두울 것이니 그러므로 네게 있는 빛이 어두우면 그 어둠이 얼마나 더하겠느냐

24 한 사람이 두 주인을 섬기지 못할 것이니 혹 이를 미워하고 저를 사랑하거나 혹 이를 중히

여기고 저를 경히 여김이라 너희가 하나님과 재물을 겸하여 섬기지 못하느니라
25 그러므로 내가 너희에게 이르노니 목숨을 위하여 무엇을 먹을까 무엇을 마실까 몸을 위하
여 무엇을 입을까 염려하지 말라 목숨이 음식보다 중하지 아니하며 몸이 의복보다 중하지
아니하냐
26 공중의 새를 보라 심지도 않고 거두지도 않고 창고에 모아들이지도 아니하되 너희 하늘 아
버지께서 기르시나니 너희는 이것들보다 귀하지 아니하냐
27 너희 중에 누가 염려함으로 그 키를 한 자라도 더할 수 있겠느냐
28 또 너희가 어찌 의복을 위하여 염려하느냐 들의 백합화가 어떻게 자라는가 생각하여 보라
수고도 아니하고 길쌈도 아니하느니라
29 그러나 내가 너희에게 말하노니 솔로몬의 모든 영광으로도 입은 것이 이 꽃 하나만 같지 못
하였느니라
30 오늘 있다가 내일 아궁이에 던져지는 들풀도 하나님이 이렇게 입히시거든 하물며 너희일까
보냐 믿음이 작은 자들아
31 그러므로 염려하여 이르기를 무엇을 먹을까 무엇을 마실까 무엇을 입을까 하지 말라
32 이는 다 이방인들이 구하는 것이라 너희 하늘 아버지께서 이 모든 것이 너희에게 있어야 할
줄을 아시느니라
33 그런즉 너희는 먼저 그의 나라와 그의 의를 구하라 그리하면 이 모든 것을 너희에게 더하시
리라
34 그러므로 내일 일을 위하여 염려하지 말라 내일 일은 내일이 염려할 것이요 한 날의 괴로움
은 그 날로 족하니라

4. 당신은 돈에 관한 예수님의 위 말씀이 얼마나 현실적으로 들리는가? 만약 위 말씀이 비현실적으로 느껴진다면, 그 이유가 무엇인지 한번 생각해보라.

5. 위 마태복음 6장의 말씀은 하나님께서 당신 자녀들의 필요를 돌보신다는 사실을 가르쳐주고 있다. 당신에게도 그런 사실을 간증할만한 경험이 있는가?

배경 설명: 산상수훈

예수님의 사역은 구약의 이스라엘 백성들의 구속사(救贖史) 과정을 재현해 보여줌으로써 그 신학적인 타당성을 입증하고 있다. 위 마태복음의 말씀은 예수님의 산상설교 중의 한 부분이다. 마태는 산상설교를(마 5장에서부터 시작됨) 예수님이 광야에서 사탄에게 시험받으신 사건(마 3:1-11) 다음 장에 배치하여 기록하고 있다. 예수님께서 광야에서 지내신 40일간의 시간은 바로 구약 이스라엘 백성들의 40년 광야생활을 상징하고 있는 것이다. 물론 예수님은 이스라엘 백성들과는 달리 시험에 넘어지지 않으심으로써, 하나님의 '순종의 아들' 되심을 증명하셨지만 말이다. 예수님께서 산 위에서 말씀을 하셨다는 사실은 우리로 하여금 구약의 '시내산 사건' 을 상기하도록 만든다. 그 옛날 시내산에서 하나님께서 모세에게 '구약의 율법' 을 주셨던 것처럼, 지금 예수님께서도 산상에서 우리에게 '신약의 율법' 을 주시고 계신 것이다. 예수님은 '입법자' 되신 하나님이시다. 우리는 마땅히 그분의 말씀을 곧 하나님 아버지의 말씀으로 들어야만 한다.

6. 어떻게 재물을 '하늘에 쌓아둘 수' 있는가?

7. 필요 이상으로 돈을 버는 일은 잘못된 것인가? 왜 그런가? 또는 왜 그렇지 않은가?

8. 돈에 기초하여 어떤 결정을 내리는 일이 항상 잘못된 것인가? 왜 그런가? 또는 왜 그렇지 않은가?

9. 부부가 돈 걱정을 너무 많이 하고 있다면, 그것은 그들의 어떤 영적 상태를 반영해주고 있는 것인가?

10. 흔히 남편과 아내는 일하고, 저축하고, 투자하고, 소비하고, 구제하는 등의 돈과 관련된 행위에 있어서 서로 다른 성장 배경과 방식을 지닌 채로 결혼생활을 시작하게 된다. 그리고 이러한 차이는 곧 심각한 갈등으로 확대되기도 한다. 어떻게 그런 갈등을 피하거나 해결할 수 있는가?

▶ 부부 코너

잠시 시간을 내어 당신 부부의 재정상태를 평가해보라. 당신은 스스로 풍족하다고 느끼는가? 가난하다고 느끼는가? 아니면 그저 보통 정도의 수준이라고 생각하는가?

당신 부부는 현재의 재정상황에 대해 만족하고 있는가? 아니면, 걱정하거나 심지어는 어찌할 바를 모를 정도로 두려워하고 있는 형편인가?

어떤 식으로 당신 부부는 당신들의 재정문제를 그리스도께로 가지고 가는가?

당신 부부는 어떤 식으로 '영적인 삶'과 '돈 문제'를 별개의 것으로 생각해버리려는 경향이 있는가?

▶ 보너스

전도서 5:10 이하를 읽어보라.

"돈 좋아하는 사람은, 돈이 아무리 많아도 만족하지 못하고, 부를 좋아하는 사람은, 아무리 많이 벌어도 만족하지 못하니, 돈을 많이 버는 것도 헛되다……." (전 5:10-11, 표준새번역)

왜 돈을 사랑하는 사람들은 항상 돈이 부족하다고 느끼는가?

배경 설명: 전도서

전도서는 언뜻 읽어서는 이해하기가 어려운 성경이다. 성경 중에 '인생은 아무런 의미가 없는 것' 이라고 이토록 거듭거듭 강조하고 있는 성경은 없기 때문이다. 그러나 전도서를 정독하게 되면, 그 책의 대부분이 '전도자(Teacher)' 라고 불리는 한 '지혜자(智慧者)' 가 밝은 하나님의 진리의 빛과는 동떨어져 사는 '해 아래에서의 삶' 을 뒤돌아보면서 교훈하고 있는 가르침임을 보게 된다. 그리고 전도서의 결론부에 이르면, 또 다른 훈계자가 등장하여 '해 아래에서' 사는 삶의 위험성에 대해 '전도자' 의 말씀을 빌려 자신의 아들을 경계시키고 있다. '전도자' 는 타락한 세상에서의 삶에 대한 뛰어난 통찰력을 분명하게 보여주고 있다. 그런데 그런 그가 '돈' 에 관하여서 지혜를 전해주고 있는 것이다. 따라서 마땅히 우리는 그의 말에 귀 기울일 이유가 있는 것이다.

우리 자신이 돈을 사랑하는 사람인지 아닌지를 어떻게 알 수 있는가?

당신은 돈에 대하여 얼마나 많이 생각하고, 얼마나 많이 이야기 하는가? 당신 삶의 크고 작은 모든 결정들이 얼마나 돈에 의해서 좌우되고 있는가?

본격 탐구 노트

Study 2. 부할 때나 가난할 때나 <잠 30:5-9> <마 6:19-34>

목적: 경제적인 상황, 즉, 돈 문제가 부부관계에 어떤 영향을 미치는지에 대해 살펴보고자 함.

질문 1. 사람이 가난하게 되면, 부정한 수단을 통해서라도 돈을 얻고자 하는 유혹을 받을 수가 있다. 또 너무 가난하면, 먹고 살기 위한 돈을 버는 일에만 비정상적일 정도로 마음과 힘을 쓰고자 하는 유혹에 그만큼 떨어지기가 쉽다.

질문 2. 부(富)는 쉽사리 사람을 '자기만족' 에 빠지게 한다. 부유한 사람은 흔히 이웃의 필요성을 느끼지 못하며, 심지어는 하나님조차도 필요치 않다는 자기도취감에 눈멀기가 쉽다.

질문 3. 잠 30:5-9의 말씀은 너무 부하지도 않고 그렇다고 너무 궁핍하지도 않고, 필요한 만큼 적당히 가지고 있는 사람은 교만해지지 않으면서도 만족할 수 있음을 시사하고 있다. 그러한 사람은 자신의 은행 통장보다 하나님을 더 의지하기가 쉬울 것이기 때문이다. 그리고 당연히 이 말씀은 사실이다. 그러나 문제는 많은 중산층의 사람들이 자신들은 아직 너무 적게 가지고 있다고 생각한다는 것이다. 그들은 자동차와 집과 일용할 양식과 그 이상의 것들을 훨씬 많이 가지고 있음에도 불구하고, 여전히 더 좋은 자동차와 더 큰 집, 더 근사한 음식 등 더 많은 것들을 원하고 있다는 사실이다.

질문 4-5. 이 질문들에 대한 토론은 자유롭게 흘러갈 것이다. 물론 예수님께서 하신 말씀이기 때문에 대부분의 반원들은 그분의 말씀이 진리임을 받아들일 것이다. 그러나 좀 더 솔직한 토의 분위기가 조성된다면 여러 가지 반문들이 나올 수도 있을 것이다. 예를 들면 "걱정하지 않고도, 돈을 쫓아가지 않고도, 이 세상에서 살아가는 일이 정말로 가능할 수 있는가?" 하는 식의 의문들이 말이다. 결국 문제는 하나님과 하나님의 말씀을 '정말로' 믿는 '믿음' 이 있느냐 하는 것이겠지만 말이다.

질문 6. 보물, 즉 재물을 하늘에 쌓아두라는 말씀은 '돈을 추구하는 삶' 대신 이 땅에 '하나님의 나라를 세워가는 삶' 에 우리의 모든 에너지를 집중시키라는 의미이다.

질문 7-8. 돈을 목적 삼고 추구해가거나, 어떤 결정을 내리는 데 있어서 돈이 기준이 되는 태도는 언제나 잘못된 것이다. 예수님께서는 지금 '우선순위' 에 대하여 말씀하고 계신 것이다. 사람들은 돈과 관련된 문제들을 결정하게 될 때에, 흔히 두려움이나 혹은 돈만 있으면 안전하다는 착각으로부터 그렇게 하는 경향들이 있다. 그러나 예수님은 우리에게 '우선순위' 를 확립하라고 말씀하신다. 하늘 아버지께서 돌보시고 먹이실테니 두려워하지 말라고 하신다. 어떤 일을 하고 안 하고에 있어서, '돈' 이 아닌 더 높은 '영적 목표' 에 기초하여 결정하고 행동하라. 그러면 전능하신 당신의 아버지되신 하나님께서 당신을 책임져주실 것이다!

질문 9. 당신이 돈에 대해 너무 많은 걱정을 하고 있다면, 그것은 당신이 돈을 너무 중요하게 여기고 있다는 당신의 가치관을 드러내 보여주는 것이다. 심지어는 돈과 돈을 벌기 위한 당신의 일이 '우상' 이 되어버렸다는 증거일 수도 있다. '우상' 이란 '하나님' 그분 자신보다 더 중요하게 여겨지는 그 어떤 것들이다. 당신 부부가 지금 돈 걱정에 빠져 있다면, 그것은 당신 부부가 삶의 '우선순위' 를 바로 잡는 일에 즉시 착수해야만 한다는 적신호이다.

질문 10. 많은 부부들이 놓치고 있는 가장 중요하고도 첫 번째 되는 사실은 이러한 문제들에 대해 부부가 서로 정직하고 솔직하게 대화를 나누어야만 한다는 점이다. 당신의 생각이나 당신의 성장배경 방식만이 옳다고 단정 짓지 마라. 서로에게서 배우려는 자세를 취하라. 그러면 당신에게서 다루어져야 할 필요가 있는 '우상' 들이 분명히 보이게 될 것이다. 서로의 삶의 목적에 대해서도 이야기해보라. 예수님의 산상수훈의 말씀에 기초하여 삶의 우선순위를 재정립하기 위해 노력하라. 당신은 당신의 보물을 하늘에 쌓고자 하는가? 아니면 그저 이 땅위에 쌓아두고자 하는가? 또 한 가지 주의할 것은 부부가 아무리 돈 문제에 있어서 상호간에 완벽한 의견의 일치를 보이고 있다 할지라도, 악한 삶을 살 수도 있다는 사실이다. 사도행전 5:1~11에 나오는 '아나니아와 삽비라 부부' 의 경우처럼 말이다.

또 어떤 이들은 에베소서 5장을 기초로 하여, 남편이 아내의 '머리' 이므로 남편만이 가정사 모든 중요한 문제들의 유일한 결정권자임을 주장하기도 한다. 그러나 이것은 '머리됨' 의 의미를 잘못 이해한 것이다. '그리스도' 와 '교회' 의 관계에서 비추어 볼 때, '머리됨' 이란 자신의 아내를 위해 목숨까지도 버릴 수 있어야 함을 의미하는 것이다. 부부간에 돈 문제에 대한 최선의 해결책은 서로 간의 대화를 통해서 합의점을 찾는 것이다. 만약 합의점에 도달하지 못하고 있다면, 그것은 아마도 남편이나 아내 중 어느 한쪽이 혹은 양쪽 모두가 돈을 지나칠 정도로 중요하게 생각하고 있기 때문일 것이다.

보너스 질문. 원래 우리는 부요함과 풍요로움의 동산이었던 에덴에서 하나님을 바라보며 살도록 지음 받은 존재들이었다. 하지만 우리는 현재 하나님이 잘 보이지 않는 '타락한 세상' 에서 살고 있다. 그리고 그런 까닭에, 온 세상의 돈을 다 거머쥐어도, 돈은 우리에게 참된 만족을 줄 수 없는 것이다.

3

질투심, 독인가? 약인가?

JEALOUSY: THE PASSION TO PROTECT–OR DESTROY

"저는 제 아내가 제 친구와 너무 많은 시간을 보내는 것이 걱정이 돼요. 두 사람은 함께 일하고 있는 직장 동료 사이인데, 점심도 거의 날마다 같이 먹는 것 같아요. 하지만 저는 하나님을 신뢰해야 한다는 사실을 알고 있어요. 질투하는 것은 언제나 나쁜 일이니까요."

"저는 제 남편이 언제 어디서건 다른 여자와 함께 있다는 생각만 해도 견딜 수가 없어요. 할 수만 있다면, 하루 종일 제 곁에 묶어두고 싶어요. 물론 남편이 한 번도 한 눈 판적은 없지만, 그래도 확실히 해두고 싶거든요."

▶ 여는 말

결혼은 한 남자와 한 여자 사이에 맺어진 '배타적 사랑'의 관계이다. 그것은 아주 특별하고도 독특한 관계이다. 친구 관계나 심지어는 부모자식 관계나 형제자매 관계와는 달리, 결혼은 서로에게 오직 한 사람의 배우자만을 허용한다. 이러한 배타성은 여러 가지 모습에서 발견되어질 수 있는데, 특히 결혼 관계 안에서만 허락이 된 '성(性)'이 그 대표적인 형태일 것이다.

하지만 요즘 같은 현대 사회에서 부부가 다른 성별의 사람들과 맺고 있는 모든 관계들을 끊어버린다는 것은 불가능한 일이며, 또 옳은 일도 아니다. 남자나 여자나 할 것 없이 거의 모든 사람들이 자기와 다른 성별의 친구들과 동료들을 두고 있다. 그리고 이런 상황이다 보니, 부부 사이에서 '질투심'이라는 것은 언제든지 출현 가능한 복병인 셈이다. 그런데 '질투심'이란 항상 잘못된 감정인 것인가?

▶ 본격 탐구

성경 읽기 1. 〈아 8:6-7, 표준새번역〉

6 도장(印) 새기듯, 임의 마음에 나를 새기세요. 도장(印) 새기듯, 임의 팔에 나를 새기세요
(Place me like a seal over your heart, like a seal on your arm). 사랑은 죽음처럼 강한 것,
사랑의 시샘(질투)은 저승(음부)처럼 잔혹한 것, 사랑은 타오르는 불길, 아무도 못 끄는 거센
불길입니다. 7 바닷물(많은 물)도 그 사랑의 불길 끄지 못하고, 강물도 그 불길 잡지 못합니다.
남자가 자기 집 재산을 다 바친다고 사랑을 얻을 수 있을까요? 오히려 웃음거리만 되고 말겠
지요.

고대 시대의 인(印)

위 아가서에서 여인은 사랑하는 이에게 자신을 그의 마음과 팔에 '인(印)' 처럼 품어주기를 간청하고 있다. 그녀의 간절한 열정을 이해하기 위해서는 고대 근동 지역에서 사용되었던 '인(印)' 의 모양과 그 기능에 대해서 알 필요가 있다. 고고학자들은 이스라엘을 비롯한 여러 지역에서, 특히 대부분의 경우, 오늘날의 이라크에 해당되는 메소포타미아 지방에서 수백, 수천 개의 인들을 발굴해냈다. 그 당시의 인들은 보통 두 가지 형태를 띠고 있었다. 하나는 '도장형 인(印)' 이다. 그 이름에서도 알 수 있듯이, 이것은 부드러운 점토 위에 도장처럼 찍어 흔적을 만들어낼 때 사용하는 인이다. 또 하나는 '원통형 인(印)' 이다. 이것은 페인트 롤러처럼 점토 위에 굴려서 사용하는 것이었다. 그리고 이 두 가지 형태의 인들 모두 신분확인용 수단이었다. 각 인들의 문양과 그 위에 새겨진 이름은 그 인의 주인에게는 특별한 의미가 있는 것이었다. 인이 찍힌 점토판은, 그것이 편지이건 혹은 항아리이건 간에, 그것의 주인이 되는 사람의 소유권을 표시하고 주장하는 것이었다.

인은 흔히 줄에 꿰어 목에 걸고 다니거나, 옷소매 끝에 달고 다녔다. 따라서 아가서의 여인은 지금 사랑하는 사람에게 그가 자신의 소유임을 다른 사람들에게 주장하고 공포할 것을 요청하고 있는 것이다. 그가 오직 그녀 자신만의 소유라는 사실을 말이다. 그녀는 그녀 자신의 이름이 사랑하는 이의 가슴에, 다시 말해 그의 영혼 깊은 곳에 새겨지기를, 그리고 그의 팔에, 즉, 그의 이 세상 삶의 모든 영역 속에 각인될 수 있기를 소원하고 있는 것이다. 한마디로, 그녀는 그 사람을 '온전히' 소유하기를 원하고 있다는 뜻이다.

1. 아가서의 여인은 '인(印)' 이라고 하는 이미지를 빌려, 자신이 사랑하는 사람이 자기만을 소유해주기를 원하는 열망을 표현하고 있다. 당신은 이 여인의 이러한 고백을 어떻게 생각하는가?

'소유함' 이라고 하는 것이 결혼 관계의 전형적인 특징이 되어야만 하는가? 당신의 생각을 말해보라.

"죽음"... "저승"... "바닷물"

아가서의 여인은 '사랑' 을 '죽음' 이나 '저승' 그리고 '바닷물' 보다도 더 강력한 것이라고 말하고 있다. 현시대의 독자들도 이 비교가 사랑의 위대한 힘을 주장하고 있는 것임을 분명히 이해할 수 있을 것이다. 또한 여인이 지금 자신의 이러한 주장을 입증하기 위해 고대 근동 지역의 신화적인 내용들을 언급하고 있다는 사실을 알게 될 때, 우리는 압도적인 사랑의 힘을 더욱 더 잘 인식할 수 있게 된다. 여기서의 '바닷물' 은 '혼돈(chaos)의 바닷물' 로서, 그것은 고대 근동에서는 '혼란한 상태(disorder)' 를 의미하는 말이었다. '죽음' 과 '저승' 은 모두 가나안 족속들의 신들과 관련이 있는 단어들이다. '죽음(Death)' 은 실제로 '모트(Mot)' 라고 불리던 신의 이름이었다. 바꿔 말해서, 사랑은 이런 막강한 신들의 힘보다도 더 위대하다는 의미일 것이다.

2. 아가서의 여인처럼, 자신을 사랑하는 사람에게 완전히 내어 맡기는 일은 오직 아내 쪽에서 남편에게만 해야 하는 일인가? 부부간의 '서로에 대한 소유권' 의 개념에 대해서 당신은 어떻게 생각하는가?

3. 아가서의 여인처럼, 남편이나 아내가 상대 배우자에게 '자기포기'를 선언하고 나설 경우, 자신에게 어떤 위험이 따를 수 있는가? 또는 어떤 보상을 얻을 수 있는가?

4. 당신은 '질투심'을 무엇이라고 정의하는가?

5. 아가서는 질투심을 긍정적으로 평가하고 있다. 부부관계에 있어서 질투심은 어떤 가치를 지닐 수 있는가?

배경 설명: 고린도전서 13장

고린도전서 13장에 나오는 '사랑'에 관한 사도 바울의 감동적인 정의는 흔히 그 자체가 독립적인 유명 구절들로 인용되어지곤 한다. 그러나 그 말씀은 고린도교회 성도들에게 보내는 전체 편지 중의 일부분이다. 그리고 바울 사도가 보고 있는 고린도교회의 가장 큰 문제가 바로 성도 간의 '다툼'과 '분열'이었다는 사실을 기억하는 일이 고린도전서 13장을 이해하는 데 중요한 역할을 한다. 고린도교회 내의 모든 사람들이 진리에 대해 각각 자신들의 정통성을 주장하고 있는 상황이었다. 그리고 성령의 은사들은 그저 다른 사람들과 비교하여 자신의 영적 우월성을 증명하는 무기들로서 전락하고 있는 형편이었다. 사도 바울은 바로 이런 교회 공동체 내의 갈등 구조 속에서 '사랑'의 본질과 그 중요성을 외치고 있었던 것이다.

성경 읽기 2. 〈고전 13:4-7〉

4 사랑은 오래 참고 사랑은 온유하며 시기하지 아니하며 사랑은 자랑하지 아니하며 교만하지

아니하며 [5] 무례히 행하지 아니하며 자기의 유익을 구하지 아니하며 성내지 아니하며 악한 것
을 생각하지 아니하며 [6] 불의를 기뻐하지 아니하며 진리와 함께 기뻐하고 [7] 모든 것을 참으며
모든 것을 믿으며 모든 것을 바라며 모든 것을 견디느니라

6. 고린도전서는 "사랑은 시기하지 않는 것" 이라고 말씀하고 있는 반면, 아가서는 "사랑은 질투하는 것이며, 그 질투심은 음부같이 잔혹하다." 라고 말씀하고 있다. 어떻게 이 상반되는 두 말씀이 조화를 이룰 수 있는가?

7. '부정적인 질투심' 은 어떤 모습인가?

8. 고린도전서 13장에 의거하여 볼 때, 부부간의 '근거 없는 질투심' 은 어떻게 다루어져야 하는가?

▶ 부부 코너

남편이나 아내의 신실함과 관련된 과거의 그리고 현재의 걱정거리들에 대해서 서로 이야기해보라. 서로 정직하고 솔직할 것을 약속하고 신뢰와 믿음의 분위기를 조성하라.

만약 부부 사이에 근거 없는 의심이나, 상대방을 좌지우지하려는 불필요한 지배욕이 있다면 그런 내용을 숨김없이 밝히라.

그리고 부부관계를 위협할 수 있는 그 어떤 요소도 없다는 사실을 서로에게 확신시켜 줄 수 있는 방법들을 모색해보라.

'무죄 판별법'

민수기 5장은 구약성경 속에서도 상당히 충격적이고도 독특한 본문이다. 그러나 이런 비슷한 의식이 고대 바벨론이나 앗수르와 같은 지역에서도 행해졌었다는 역사적인 증거들은 많이 있다. 이것은 오늘날 우리가 '죄인 판별법'이라고 알고 있는 의식과 딱 들어맞는다. 고대 근동 지역에서 행해졌던 가장 흔한 형태의 '죄인 판별법'은 강(江)을 이용하는 것이었다. 그것은 범법행위가 의심되는 사람을 강가로 끌고 가서 그 속에 빠트리는 것이다. 만약 그 사람이 물 위로 떠오르면 결백한 것이고, 가라앉으면 유죄라는 증거로 받아들여졌다. 물론, 무고한 많은 피의자들이 이런 식으로 억울하게 죽임을 당했을 것이다. 그러나 민수기 5장에 나오는 '무죄 판별법'은 고대 메소포타미아 지역에서 행해졌던 그런 '판별법'들과는 당연히 달랐다. 왜냐하면, 전지하시고 공의로우신 하나님께서 그 판별법의 결과를 통제하고 계셨기 때문이다.

▶ 보너스

나훔서 1:2-6를 읽어보라. 어떤 점에서 하나님은 질투하시는 하나님이신가? 그리고 그런 사실이 질투심에 대하여 무엇을 가르쳐주고 있는가?

"여호와는 질투하시며 보복하시는 하나님이시니라 여호와는 보복하시며 진노하시되 자기를 거스르는 자에게 여호와는 보복하시며 자기를 대적하는 자에게 진노를 품으시며." (나 1:2)

민수기 5:11-31을 읽어보라.

"그 남편이 의심이 생겨 그 아내를 의심하였는데 그의 아내가 더럽혀졌거나 또는 그 남편이 의심이 생겨 그 아내를 의심하였으나 그 아내가 더럽혀지지 아니하였든지 그의 아내를 데리고 제사장에게로 가서 그를 위하여 보리 가루 십분의 일 에바를 헌물로 드리되 그것에 기름도 붓지 말고 유향도 두지 말라 이는 의심의 소제요 죄악을 기억나게 하는 기억의 소제라." (민 5:14-15)

"그 물을 마시게 한 후에 만일 여인이 몸을 더럽혀서 그 남편에게 범죄하였으면 그 저주가 되게 하는 물이 그의 속에 들어가서 쓰게 되어 그의 배가 부으며 그의 넓적다리가 마르리니 그 여인이 그 백성 중에서 저줏거리가 될 것이니라 그러나 여인이 더럽힌 일이 없고 정결하면 해를 받지 않고 임신하리라 이는 의심의 법이니 아내가 그의 남편을 두고 탈선하여 더럽힌 때나 또는 그 남편이 의심이 생겨서 자기의 아내를 의심할 때에 여인을 여호와 앞에 두고 제사장이 이 법대로 행할 것이라." (민 5:27-30)

위 말씀은 '질투심' 에 대하여 또 무엇을 말해주고 있는가? 그리고 오늘날 우리의 삶에 적용할 수 있는 교훈이 있다면, 무엇인가?

본격 탐구 노트

Study 3. 질투심, 독인가? 약인가? <아 8:6-7> <고전 13:4-7>

목적: 질투심의 '건설적인 면' 과 '파괴적인 면' 을 살펴보고 이해하고자 함.

질문 1. 아가서 여인의 고백에 거부감이 드는 사람들도 있을 것 같다. 왜냐하면, 현대인들에게는 누군가에게 '소유 당한다' 는 개념이 썩 편안하게 느껴지기 않을 것이기 때문이다. 그러나 이것은 우리가 너무 개인주의적인 성향이 강하기 때문은 아닐까? 우리는 우리 자신을 누군가에게 온전히 맡기는 일을 두려워한다. 이번 공부는 사람들이 왜 서로에게 자기 자신을 주저함 없이 그리고 완전히 내어 맡기지 못하는지 그 이유들에 대하여 탐구해볼 좋은 기회가 될 것이다. 물론 그 이유들 중의 하나는 과거에 당했던 '배신의 경험' 이나, 단순히 자신의 삶에 대한 '자기 통제욕' 일 수도 있다.

질문 2. 결혼 관계에서는 부부 쌍방이 서로에게 자기 자신을 온전히 내어 맡겨야만 한다. 그런 부부관계 속에서, 남편과 아내는 '상호복종' 이라는 목표를 향해 달려가게 되고, 자신의 유익보다는 배우자의 유익을 먼저 돌아보게 되는 법을 배우게 될 것이다(엡 5:21-33, 빌 2:3-5).

"그리스도를 경외함으로 피차 복종하라 아내들이여 자기 남편에게 복종하기를 주께 하듯 하라……남편들아 아내 사랑하기를 그리스도께서 교회를 사랑하시고 위하여 자기 자신을 주심같이 하라……." (엡 5:21-22, 25)

"아무 일에든지 다툼이나 허영으로 하지 말고 오직 겸손한 마음으로 각각 자기보다 남을 낫게 여기고 각각 자기 일을 돌볼뿐더러 또한 각각 다른 사람들의 일을 돌아보아 나의 기쁨을 충만하게 하라 너희 안에 이 마음을 품으라 곧 그리스도 예수의 마음이니……." (빌 2:3-5)

질문 3. 물론 자신을 '포기' 할 정도까지 상대방에게 자기를 내어 맡기는 행위는 상처를 입을 수 있는 가능성까지도 각오하는 것이다. 그리고 흔히 우리는 그러한 결단을 두려워한다. 그러나 그렇게 하지 않는 부부의 관계는 매우 피상적인 관계일 뿐이다. 배신당함의 위험까지도 끌어안고자 하는 용기 있는 태도가 부부간의 친밀함을 더욱 깊어지게 할 것이다.

질문 4. '질투심' 을 바라보는 사람들의 시각은 대부분 지극히 부정적이다. 그들은 '질투심' 을 '파괴적' 이고, '의심 많고', '사람을 좌지우지 하려는 감정' 의 한 형태로 정의한다. 그러나 성경은 어떤 '질투심' 에 대해서는 긍정적인 평가를 내리고 있기도 하다. 성경의 이해에 따르면, '질투심' 은 하나님께서 원래 의도하신 '상호 독점적인' 사랑의 관계를 보호하려는 감정적 에너지이다. 결국 '질투심' 은 '부정적인 면' 뿐만 아니라 동시에 '긍정적인 면' 도 가지고 있다는 것이다.

질문 5. 무엇보다도, 질투심은 결혼이라는 것이 부부 사이에 그 어떤 경쟁자도 결코 용납할 수 없는 지극히 배타적인 관계라는 사실을 반영해주는 감정이다. 만일 남편이나 아내가 다른 누군가와의 친밀한 교제를 시도함으로써 부부관계에 위협을 가하고 있다는 생각이 드는 경우, 그 문제를 해결하기 위해 쏟는 상대 배우자의 모든 건설적인 에너지는 결코 잘못된 것이 아니며, 옳은 결정이다. "당신 질투하는 거야? 그러면 안 되지." 라는 식의 태도는 상대 배우자의 우려에 대한 올바른 반응이 아니다. 성경도 아가서를 비롯한 여러 곳에서, 적절하게 표현만 될 수 있다면, 부부 사이의 질투심은 긍정적인 감정일 수 있음을 인정하고 있기 때문이다. 따라서, 부부는 상대 배우자를 불필요한 걱정으로부터 안심할 수 있도록, 현재 부부 사이를 위협할 수 있는 그 어떤 요소도 존재하지 않는다는 사실을 확신시켜주어야만 한다.

질문 6. 고린도전서 13장의 "사랑은 시기하지 않으며" 는 "자랑하지 않으며", "교만하지 않으며", "무례히 행치 아니하며" 등과 같은 여러 부정적인 사랑의 속성들과 더불어 언급되고 있는 중이다. 따라서 사도 바울은 지금 아가서의 '긍정적인 질투심' 과는 다른 '부정적인 질투심' 에 대하여 말하고 있는 것이다. 그것은 사랑의 관계를 보호하고자 하는 '정당한 감정' 이 아닌, 자기중심적이며, 상대방을 내 맘대로 통제하고자 하는 '부당한 감정' 이다.

질문 7. '부정적인 질투심' 이란 '근거가 없는 파괴적인 질투심' 이다. 그것은 배우자의 생각이나 행동에 대한 이유 있는 우려라기보다는 배우자에 대한 신뢰의 부족과 두려움으로부터 나오는 감정이다. 부정적인 질투심이 그 도가 더 심해지면, 폭언이나 폭력 등의 모습으로 표출되기도 한다. 그러나 '건강한 질투심' 은 혹 배우자에 대한 의심의 이유가 충분히 있고, 심지어는 그 의심이 사실로 드러난 경우라 할지라도, 절대로 상대방에게 물리적인 해를 가하는 모습으로 표현되지 않는다.

질문 8. 질투심이 온당한 모습으로 표출되는 대신에 '분노' 나 '자기방어' 의 형태로 표현될 때, 그것은 오히려 역효과를 가져오기가 쉽다. 아내나 남편이 당신의 사랑을 확신할 수 있도록 행동하라. 그리고 당신 부부관계에 걱정하거나 두려워할 아무런 이유가 없음을 배우자가 이해할 수 있도록 서로 정직하게 마음을 열고 대화하라. 그리고 혹 당신의 배우자가 지금 우려하고 있는 대상이 당신이 아니라, 부부관계를 위협하고 있다고 여겨지는 제 3의 이성(異性)이 아닌지 확인해보라. 만약 그렇다면, 그 사람에 대하여 어떻게 반응하는 것이 적절한 행동이며 혹은 부적절한 행동인지를 서로 이야기해보라.

보너스 질문. 나훔서 1:2-6에 나오는 우리와 하나님 사이의 관계는 마치 부부관계와도 같다. 적어도 우리 쪽에서 볼 때 말이다. 부부의 관계처럼 우리와 하나님과의 관계도 '상호 독점적인 관계' 이다. 우리는 오직 한 남편 되신 한 하나님만을 우리의 배우자로 모실 수 있다. 우리의 부부 사이에서 배우자가 관계를 위협하는 어떤 행동을 하게 될 때, 우리의 정당한 반응은 질투심이다. 그런데 이러한 사실은 우리와 하나님과의 관계에서도 동일하다. 그리고 하나님께서 '질투하시는 하나님' 이시라는 사실은 질투심이라는 것이 근본적으로 악하거나 건강하지 못한 감정만은 아니라는 점을 우리에게 상기시켜준다. 나훔서는 그 분량이 적고, 또 많은 독자들에게 익숙하지 않은 성경일 것이다. 나훔 선지자는 앗수르 제국이 아직 이스라엘 백성들을 압제하고 있었던 기원전 7세기 중반 정도에 살았던 인물이다. 이 성경은 곧 다가오게 될 앗수르 제국의 멸망을 예언하며 고대하고 있던 책이다. 그리고 실제로 앗수르는 B.C. 612년경에 무너진다. 나훔서 1:2-9은 당신의 대적들을 향하여 질투하시며 분노하시는 하나님께 대한 찬양과 함께 앗수르의 수도 니느웨의 몰락을 예언하고 있다. 그리고 9-15절에서는 당신의 백성들을 향하신 하나님의 선하심을 노래하고 있다.

민수기 5:11-31은 질투하고 의심하는 남편을 위해, 그 아내에게 행해지는 특이한 의식에 대해 기술하고 있다. 이 의식은 현대인들에게는 낯설게 느껴지기도 하며, 질투심이 생기는 아내를 위한 권리는 어떻게 되는 것인가에 대한 의문점들을 남겨놓기도 한다. 그러나 이 말씀은 다시 한번 질투심이라는 것이 잘못된 감정만은 아니라는 사실을 재확인시켜주고 있는 예가 된다. 그리고 민수기의 말씀을 통해 오늘날의 우리가 받을 수 있는 교훈이 있다면, 그것은 영적 권위자들의 도움을 요청하라는 것이다. 질투심이라는 감정이 부부가 스스로 해결할 수 없는 문제로까지 발전된 경우에는, 목회자나 크리스천 상담 전문가와 같은 영적 지도자들의 도움을 받는 것 또한 한 가지 해결책이 될 수 있다는 사실이다.

4

싫증과 열정 사이

FEELING NO CONNECTION

"아내를 사랑하긴 하지만, 서로 깊이 연결되어 있다는 느낌은 없어요. 솔직히, 좀 따분해요."

"설렘요? 강 건너 간지 오래예요."

"지금은 만족스럽고 편안해요. 부부관계도 평화롭고 행복하고요. 하지만 우리 부부도 높은 열정의 산을 오르기 전에 깊은 절망의 골짜기를 지나야만 했답니다."

▶ 여는 말

흔히 사람들은 말한다. 성경은 오직 '책임' 과 '의무' 만을 강조하는 책일 뿐, '열정' 이나 '낭만' 과는 상관없는 책이라고 말이다. 물론 '사랑의 의무감' 이 성경의 핵심가치관 중 하나이긴 하다. 하지만 아가서는 그 존재만으로도 하나님께서 우리의 결혼 관계가 얼마나 '열정적' 이기를 원하시는지에 대해 분명하게 보여주고 있다. 성경이 전혀 '낭만적' 이지 못하다고 말하는 것처럼 어리석은 일도 없다. 그러나 '열정의 불꽃' 이 식어질 때면 어떻게 되는 것인가? 많은 부부들이 '열정' 없는 삶 속으로 침잠해 들어간다. 부부의 '의무감' 만이 우리가 의존할 수 있는 전부인가?

▶ 본격 탐구

성경 읽기 1. 〈전 1:8-10〉

8 모든 만물이 피곤하다는 것을 사람이 말로 다 말할 수 없나니 눈은 보아도 족함이 없고 귀는
들어도 가득 차지 아니하도다 9 이미 있던 것이 후에 다시 있겠고 이미 한 일을 후에 다시 할지
라 해 아래에는 새 것이 없나니 10 무엇을 가리켜 이르기를 보라 이것이 새 것이라 할 것이 있
으랴 우리가 있기 오래 전 세대들에도 이미 있었느니라

성경 읽기 2. 〈전 9:7-10〉

7 너는 가서 기쁨으로 네 음식물을 먹고 즐거운 마음으로 네 포도주를 마실지어다 이는 하나
님이 네가 하는 일들을 벌써 기쁘게 받으셨음이니라 8 네 의복을 항상 희게 하며 네 머리에 향
기름을 그치지 아니하도록 할지니라 9 네 헛된 평생의 모든 날 곧 하나님이 해 아래에서 네게
주신 모든 헛된 날에 네가 사랑하는 아내와 함께 즐겁게 살지어다 그것이 네가 평생에 해 아
래에서 수고하고 얻은 네 몫이니라 10 네 손이 일을 얻는 대로 힘을 다하여 할지어다 네가 장
차 들어갈 스올(음부)에는 일도 없고 계획도 없고 지식도 없고 지혜도 없음이니라

배경 설명: 전도서

성경 해석의 제1원칙은 전체적인 문맥 속에서 그 해당 본문을 읽어야한다는 것이다. 이 원칙은 특별히 중요하다. 그러나 그럼에도, 그 독특한 특성상 전도서를 해석하는 일은 상당히 어렵다. 전도서에는 두 명의 화자(話者)가 나온다. 그리고 전도서의 대부분이 그 둘 중 하나인 '전도자(Teacher)' 라고 하는 한 지혜자의 교훈으로 채워져 간다. 그러나 책의 마지막 부분에 이르게 되면, 또 다른 익명의 화자가 등장한다. 그는 앞선 '전도자' 의 말씀들을 인용하여 자신의 아들을 교훈한다(전 12:9-14, 특히 12절).

전도서의 '전도자' 는 자신이 관찰하고 경험한 바 때문에 그 당시의 종교적이고 전통적인 사고에 의문을 품게 된 한 인간으로서 자신의 지혜를 말하고 있다. 그는 인생의 의미를 찾아 헤매지만, 결국 모든 것이 '헛되고 헛된 것' 이라는 결론에 도달하게 된다(전 1:2, 12:8 등등). 그는 '일' 과 '돈', '쾌락', 심지어는 '지혜' 에서조차도 삶의 의미를 발견해내지 못한다. 그러나 그는 인간이 얻을 수 있는 모든 기쁨들을 최대한 누릴 것을 권면한다. 결국은 죽음이 가까운 장래에 기다리고 있겠지만 말이다. 그는 9:7-10을 포함한 여러 구절들을 통해서 "현재를 누리라." 는 주장을 펼친다. 하지만 전체적인 맥락으로 볼 때, 그러한 구절들은 일종의 '체념조' 성격의 주장으로 이해되어져야 할 것이다.

1. 전도서 1:8-10은 해 아래는 새 것이 없다고 말씀하고 있다. 정말로 그러한가?

그리고 당신도 그렇게 느껴본 적이 있는가?

권태감

많은 현대인들이 권태롭다고 불평을 한다. 그러나 '권태감', 또는 '싫증', '지루함', '따분함'이라는 것이 얼마나 성경에서 드물게 다루어지는 문제인지를 주목할 필요가 있다. 그 옛날 고대인들에게 있어서 '무료함'이란 '사치'였던 것 같다. 먹을 것을 구해야하거나, 적군의 포위망에서 살아남기 위한 일에 온 신경을 쏟다 보면, 권태롭다는 생각 자체가 불가능했을 것이다. 그러나 전도서는 그렇다고 '권태감'의 문제가 고대 사회에는 전혀 존재하지 않았던 것은 아니라는 사실을 우리에게 상기시켜준다.

2. 일반적으로, 권태감이 삶을 즐기는 일에 어떤 영향을 미치는가?

또 결혼생활에 끼치는 영향력은 어떠한 것인가?

3. 오늘날의 문화 속에서, 권태감을 극복하는데 있어 건강치 못한 방법들에는 어떤 것들이 있는가?

그리고 그러한 방법들은 부부관계에 도움을 주는가 아니면 상처를 입히는가?

4. "네 헛된 인생 동안 하나님께서 주신 네 분복인 아내와 함께 즐겁게 살라."(9:9) 하는 전도자의 충고가 당신에게는 얼마나 설득력 있게 다가오는가?

배경 설명: 아가서

아가서는 남녀 간의 사랑을 노래하는 수많은 '연애시'와 때로는 그 사랑에 대해 경고해주는 '훈계시'들을 포함하고 있다. 아가서의 예상 독자층은 주로 결혼한 부부들이다. 그리고 그 노래시들을 읽고 있노라면, 부부는 그 노래 속의 남자와 여자가 말과 행위로써 서로를 향한 그들의 사랑을 표현하게 될 때, 그들과 자신들을 동일시하게 된다.

5. 아가서의 여인은 이렇게 노래한다. : "나에게 입맞춰 주세요, 숨막힐 듯한 임의 입술로. 임의 사랑은 포도주보다 더 달콤합니다. 임에게서 풍기는 향긋한 내음, 사람들은 임을 쏟아지는 향기름이라고 부릅니다. 그러기에, 아가씨들이 임을 사랑합니다. 나를 데려가 주세요, 어서요. 임금님, 나를 데려가세요, 임의 침실로. 우리는 임과 더불어 기뻐하고 즐거워하며, 포도주보다 더 진한 임의 사랑을 기리렵니다. 아가씨라면, 누구나 임을 사랑하고 싶을 것입니다."(아 1:2-4, 표준새번역) 아가서의 이런 '열정'은 전도서의 '체념'과 어떻게 대비를 이루는가?

6. 부부 사이의 '싫증'은 어떻게 발생하여 진전되는가?

7. '권태감'이란 한 사람과 오랫동안 살다보면 어쩔 수 없이 생기는 불가피한 결과인가?

부부간의 열정을 회복시킬 수 있는 방법들에는 어떤 것들이 있는가?

▶ 부부 코너

당신의 부부관계를 함께 돌아보라. 당신 부부는 결혼생활이 매너리즘에 빠지도록 방치해오지는 않았는가? 만약 그렇다면, 무엇을 해야 할지 부부가 함께 '전략' 을 세워보라. 그리고 부부가 서로를 위한 '깜짝 이벤트' 를 각자 계획해보라.

▶ 보너스

'싫증' 이외에도 부부관계의 열정을 사그라뜨리는 다른 요소들에는 무엇이 있는가? 두세 가지를 말해보고, 그 위협 요소들을 어떻게 예방하거나 제거할 수 있는지 생각해보라.

사도행전 18:2-3, 18, 26, 로마서 16:3-4, 고린도전서 16:19, 디모데후서 4:19에서 우리는 '아굴라와 브리스길라' 부부를 만나게 된다. 이 부부는 성경 속에 언제나 그 이름이 함께 언급되고 있으며, 그들이 복음 전파 사역에 깊이 헌신하고 있었음을 보게 된다. 부부가 하나님의 일에 합심하여 동역하게 될 때, 얻어지게 되는 유익에 대하여 생각해보라. 특별히 '권태감' 과 '관계단절' 이라는 면에 주어지는 긍정적인 영향들을 숙고해보라. 그러나 혹 부정적인 영향들은 없는지에 대해서도 살펴보라.

본격 탐구 노트

Study 4. 싫증과 열정 사이 <전 1:8–10> <전 9:7–10>

목적: 결혼생활 중 찾아드는 '권태감' 의 문제를 바로 인식하고, 부부관계에 열정의 불을 새롭게 지필 수 있는 방법들을 모색하고자 함.

질문 1. 이 세상 풍경과 우리의 삶을 바라볼 때, '새로운 것' 이라곤 하나도 없는 것처럼 느껴지기도 한다. 시대는 바뀌어도, 전 세계 역사는 그저 전쟁의 연속처럼만 보이는 것도 사실이다. 그러나 성경의 또 다른 말씀들은 인간 역사 속에 하나님께서는 '새로운 일' 들을 행하시는 분이심을 가르치고 있기도 하다. 이사야 43:19이 그 대표적인 말씀이다. "보라 내가 새 일을 행하리니 이제 나타낼 것이라 너희가 그것을 알지 못하겠느냐 반드시 내가 광야에 길을 사막에 강을 내리니……." 전도서의 '전도자' 는 결국 '하나님이 배제된 인생' 이 헛되고 헛된 것임을 설파해주고 있는 것이다. '하나님 빠진 인생' 에는 결코 '새로운 것' 이란 있을 수 없다. 그러나 '하나님을 모신 인생' 은 이야기가 달라진다.(고후 5:17)

질문 2. '권태감' 은 삶에 대한 '열정의 부족' 으로부터 생겨나서, 그 '열정의 부족' 을 더욱 심화시켜나간다. 일단 권태감에 빠지게 되면, 삶을 살아갈 힘을 낼 수가 없게 된다. 결혼생활이 싫증이 나고 부부 사이가 멀어지게 되면, 친밀감이 생명인 부부의 관계는 당연히 타격을 입고, 심지어는 완전히 무너지기도 한다.

질문 3. 사람들은 권태감을 극복해보기 위해 노력을 하지만, 흔히 문제만 더욱 악화시키는 쪽으로 끝나고 마는 경우들이 많다. 어떤 이들은 권태감을 해결하기 위한 방편으로 술이나 마약, 음식물 과다섭취 등의 방법들에 의존하기도 한다. 심지어는 배우자 아닌 새로운 애인을 사귐으로써 삶에 활력을 불어넣어보고자 애쓰기도 한다. 하지만 이런 식으로 권태감의 문제를 해소하려고 하는 것은 명백히 어리석은 짓이다. 그런 방법들은 다만 부부의 관계에 더 큰 상처만을 남기게 된다.

질문 4. "헛된 인생 동안에", "아내와 함께 인생을 즐거워하라." 라는 '전도자' 의 말은 모순처럼 느껴진다. "헛된 인생 동안, 아내와 함께 행복하게 사는 것이 인생의 수고에 대한 보상" 이라는 말은 "결혼생활이라는 것은 그저 황량한 인생 중에 주어지는 잠깐 동안의 휴식일 뿐이다." 라는 말 정도로 밖에는 들리지 않는다.

다소 우울하고 비관적으로 들릴 수 있는 이런 인생의 해석들은 아내와 여인들에 대한 '전도자' 의 다른 말들 속에서도 확인이 되어진다. 특히 7:25-29과 같은 구절들 속에서 말이다. "그리하여 내가 마음을 바쳐 지혜와 사물의 이치를 알아내려고 살펴보고 연구해

악한 것이 얼마나 어리석은지 얼마나 바보스럽고 미련한지 알아보려고 했다. 그러고 나서 내가 깨달은 것은 마음이 덫과 그물 같고, 손이 사슬 같은 여자는 죽음보다 더 지독하다는 것이다. 하나님을 기쁘시게 하는 사람은 그런 여자에게서 피할 수 있다. 그러나 죄인은 사로잡힐 것이다. 전도자가 말한다. 보라. 이것이 내가 깨달은 것이다. 내가 모든 이치를 알아내기 위해서 하나씩 하나씩 살펴보았지만, 도무지 알 수가 없다. 내 영혼이 계속 찾아보았지만, 남자 가운데는 천 명 가운데 한 명 그것을 알아낼 수 있을까, 여자 가운데는 한 명도 없었다. 내가 깨우친 것은 오직 이것이다. 하나님께서는 사람을 바르게 만드셨지만, 사람들은 온갖 짓을 다했다는 것이다." 그러나 여기에서 우리가 기억해야 할 것은 '전도자'의 인생에 대한 '진정한 결론'이 아직 마지막 순간을 위해 감추어져 있는 상태라는 점이다. 그 결론은 다음과 같다. "일의 결국을 다 들었으니 하나님을 경외하고 그 명령을 지킬지어다 이것이 사람의 본분이니라."(전 12:13).

질문 5. 아가서 전체가 그러하듯이, 이 짧은 구절 또한 친밀한 관계에 대한 깊은 열망을 표현해주고 있다. 자신의 남편에게 그리고 남편에 대해 말하고 있는 이 아가서의 여인은 부부간의 하나됨에 대한 기대감으로 한껏 부풀어있다. 아가서의 '열정'은 전도서의 '체념'과는 완전히 상반되어 보인다.

질문 6. '싫증'은 부부가 함께 하는 일상이 지나치게 뻔할 때 발생할 수 있다. 사람들은 일상에 안주하기 쉬운데, 그렇게 되면 부부는 서로에게서 멀어질 수 있다. 특히 아이들이 태어나는 경우에는 더욱 그렇다. 흔히 출산과 더불어 부부의 삶은 더욱 분주해지게 되고, 서로의 관계에 신경 쓸 여력이 남아있지 못하게 된다.

질문 7. 부부관계에 열정과 놀라움을 불러일으키기 위해서는 '의도적으로' 부부가 함께 연구하고 계획을 세우는 일에 마음을 써야만 한다. 인간관계들마다 차이는 있겠지만, 특히 부부는 각자의 일에 너무 빠져버린 나머지 서로를 '조율'하고 서로에게 '감동'을 선사하는 일을 잊지 않도록 늘 주의를 기울여야만 한다.

이 문제에 대해서는 성경공부 참가자들이 더 구체적이고 실용적인 생각들을 가지고 있을 것이다. 반원들로 하여금 서로의 방법들을 나누어보도록 격려하라.

5

학대는 상처를 낳고

WOUNDED HEART

"어렸을 적 당한 학대의 경험 때문에 남편과 친밀한 관계를 맺기가 어려워요."

"남편과 사랑을 나눌 때마다, 자꾸만 대학시절 때 당했던 성폭행 사건이 떠올라요."

"신체적으로 학대를 당한 적은 한번도 없었지만, 엄마는 항상 저에게 성(性)은 더러운 것이라고 가르치셨어요. 물론 제가 결혼 전에 순결을 잃는 일이 없도록 하기 위해서 그러셨다는 것은 알지만, 저는 아직도 부부간의 성(性)까지도 추악하다는 생각을 떨쳐버릴 수가 없어요."

"저는 결혼 전에 성(性)을 너무 자유분방하게 생각했던 것 같아요. 결혼한 지금에는 아내와의 관계에 있어서 어떤 특별한 느낌도 가질 수가 없어요."

▶ 여는 말

모든 사람은 '과거'를 지닌 채 결혼생활을 시작한다. 그리고 어떤 이들은 다른 이들보다 좀 더 큰 어려움을 겪기도 한다. 자신의 과거를 떠나 새로운 연합의 관계 속으로 들어간다는 것은 그렇게 말처럼 쉬운 것이 아니다. 특히나 그 과거가 '상처 입은 과거'일 경우에는 더더욱이 그렇다. 신뢰관계를 기대할 수 없었던 환경에서 자란 사람은 결혼 후에도 자신의 배우자를 즉시로 신뢰하는 일이 어렵다. '과거'는 어떤 식으로 부부관계에 영향을 미치는가?

▶ 본격 탐구

암논과 다말의 이야기는 우리의 과거가 우리의 미래에 어떤 영향을 남길 수 있는지에 대해 깊이 생각해볼 수 있도록 도움을 준다. 그리고 우리는 상처 너머의 치유의 소망에 대해서도 이야기할 수 있을 것이다.

성경 읽기 〈삼하 13:1-22〉

1 그 후에 이 일이 있으니라 다윗의 아들 압살롬에게 아름다운 누이가 있으니 이름은 다말이
라 다윗의 다른 아들 암논이 그를 사랑하나
2 그는 처녀이므로 어찌할 수 없는 줄을 알고 암논이 그의 누이 다말때문에 울화로 말미암아
병이 되니라
3 암논에게 요나답이라 하는 친구가 있으니 그는 다윗의 형 시므아의 아들이요 심히 간교한
자라
4 그가 암논에게 이르되 왕자여 당신은 어찌하여 나날이 이렇게 파리하여 가느냐 내게 말해 주
지 아니하겠느냐 하니 암논이 말하되 내가 아우 압살롬의 누이 다말을 사랑함이니라 하니라
5 요나답이 그에게 이르되 침상에 누워 병든 체하다가 네 아버지가 너를 보러 오거든 너는 그
에게 말하기를 원하건대 내 누이 다말이 와서 내게 떡을 먹이되 내가 보는 데에서 떡을 차려
그의 손으로 먹여 주게 하옵소서 하라 하니
6 암논이 곧 누워 병든 체하다가 왕이 와서 그를 볼 때에 암논이 왕께 아뢰되 원하건대 내 누
이 다말이 와서 내가 보는 데에서 과자 두어 개를 만들어 그의 손으로 내게 먹여 주게 하옵
소서 하니
7 다윗이 사람을 그의 집으로 보내 다말에게 이르되 이제 네 오라버니 암논의 집으로 가서 그
를 위하여 음식을 차리라 한지라
8 다말이 그 오라버니 암논의 집에 이르매 그가 누웠더라 다말이 밀가루를 가지고 반죽하여
그가 보는 데서 과자를 만들고 그 과자를 굽고
9 그 냄비를 가져다가 그 앞에 쏟아 놓아도 암논이 먹기를 거절하고 암논이 이르되 모든 사람
을 내게서 나가게 하라 하니 다 그를 떠나 나가니라
10 암논이 다말에게 이르되 음식물을 가지고 침실로 들어오라 내가 네 손에서 먹으리라 하니
다말이 자기가 만든 과자를 가지고 침실에 들어가 그의 오라버니 암논에게 이르러
11 그에게 먹이려고 가까이 가지고 갈 때에 암논이 그를 붙잡고 그에게 이르되 나의 누이야 와
서 나와 동침하자 하는지라
12 그가 그에게 대답하되 아니라 내 오라버니여 나를 욕되게 하지 말라 이런 일은 이스라엘에
서 마땅히 행하지 못할 것이니 이 어리석은 일을 행하지 말라
13 내가 이 수치를 지니고 어디로 가겠느냐 너도 이스라엘에서 어리석은 자 중의 하나가 되리

라 이제 청하건대 왕께 말하라 그가 나를 네게 주기를 거절하지 아니하시리라 하되
14 암논이 그 말을 듣지 아니하고 다말보다 힘이 세므로 억지로 그와 동침하니라
15 그리하고 암논이 그를 심히 미워하니 이제 미워하는 미움이 전에 사랑하던 사랑보다 더한
지라 암논이 그에게 이르되 일어나 가라 하니
16 다말이 그에게 이르되 옳지 아니하다 나를 쫓아보내는 이 큰 악은 아까 내게 행한 그 악보
다 더하다 하되 암논이 그를 듣지 아니하고
17 그가 부리는 종을 불러 이르되 이 계집을 내게서 이제 내보내고 곧 문빗장을 지르라 하니
18 암논의 하인이 그를 끌어내고 곧 문빗장을 지르니라 다말이 채색옷을 입었으니 출가하지
아니한 공주는 이런 옷으로 단장하는 법이라
19 다말이 재를 자기의 머리에 덮어쓰고 그의 채색옷을 찢고 손을 머리 위에 얹고 가서 크게
울부짖으니라
20 그의 오라버니 압살롬이 그에게 이르되 네 오라버니 암논이 너와 함께 있었느냐 그러나 그
는 네 오라버니이니 누이야 지금은 잠잠히 있고 이것으로 말미암아 근심하지 말라 하니라
이에 다말이 그의 오라버니 압살롬의 집에 있어 처량하게 지내니라
21 다윗 왕이 이 모든 일을 듣고 심히 노하니라
22 압살롬은 암논이 그의 누이 다말을 욕되게 하였으므로 그를 미워하여 암논에 대하여 잘잘
못을 압살롬이 말하지 아니하니라

1. 왜 암논은 다말에게 마음이 끌리면서 '아팠는가'?

그것은 '상사병'과 같은 종류의 아픔이었는가? 왜인가? 또는 왜 아닌가?

악을 행하고자 하는 생각이 어떻게 사회적인 금기법의 위반이나 명예의 실추나 불 보듯이 뻔한 결과에 대한 두려움까지도 극복하고 충동적인 욕망으로 나타날 수 있는가?

배경 설명: 사무엘하 13:1-14

'암논과 다말 사건' 은 다른 여인들을 통해 그 둘을 자녀로 두고 있었던 다윗 왕 이야기의 일부로서 성경에 기술되어지고 있다. 그 사건의 기록 목적을 전체적인 맥락 속에서 이해하기 위해서는, 다윗이 하나님으로부터 이스라엘의 왕으로 선택받았던 사람이라는 사실을 기억해야만 한다. 다윗의 선임자였던 사울 왕이 그의 출중한 외모 때문에 백성들에 의해서 선택받았다면, 다윗은 하나님께 대한 순수한 마음과 열정 때문에 하나님에 의해 선택받은 자였다.

다윗의 통치 초반기에는 모든 것이 순조로웠다. 그는 하나님께 신실하게 행하였고 예루살렘을 하나님 경배의 중심기지로 확고하게 세워나가고 있었다. 이에 하나님께서는 모든 승리와 풍요로움으로 다윗을 축복하고 계셨다. 그러나 자신의 군대와 전쟁터에 나가 있었어야 할 어느 날, 다윗은 왕궁에서 한가로이 시간을 보내다가 목욕하는 밧세바를 보게 되고 그녀를 범하게 된다. 밧세바는 임신을 하게 되었고, 다윗은 자신의 죄를 은폐하기 위해 밧세바의 남편 우리아를 전쟁터에서 호출해온다. 우리아로 아내 밧세바와 함께 잠자리를 하게 하기 위함이었다. 하지만 충직한 우리아가 자신의 뜻대로 움직여주지 않자, 다윗은 우리아를 전장의 최전방에 배치시켜 죽임을 당하도록 만든다. 다윗은 '완전범죄' 에 성공했다는 생각에 안도의 숨을 내쉬고 있었다. 그러나 하나님은 다윗의 범죄를 속속들이 알고 계셨으며, 나단 선지자를 통하여 다윗을 엄하게 책망하신다. 시편 51편은 다윗에 의해 그때 지어진 시이다.

다윗은 철저히 회개하였고, 하나님께서도 다윗을 용서하셨다. 하지만 그의 나머지 인생 이야기는 가슴 아픈 내용들의 연속이다. 그의 가문은, 훗날 통일 이스라엘 왕국이 찢어지는 것처럼, 풍비박산이 나게 된다. 그리고 '암논과 다말 사건' 은 다윗 가정의 여러 분열 이야기들 중 그 첫 번째에 해당하는 것이다. 여기에서 우리는 부모의 죄가 그 자녀들에게까지 얼마나 끔찍한 영향력을 발휘하게 되는지를 생생하게 보게 된다(삼하 12:10).

2. 위 사건에서 요나답은 어떤 역할을 하는가?

그것은 우리가 조언을 구하는 사람에 대해 무엇을 주의해야 하는지를 교훈하고 있는가?

3. 위 학대사건에서 가해자의 힘은 어떤 역할을 하고 있는가?

암논의 범죄

암논은 이중으로 죄를 지었다. 첫 번째로는, 다말에게 성폭행을 가한 죄이다. 두 번째로는, 근친상간의 죄였다. 암논과 다말은 한 아버지인 다윗에게서 나온 배다른 오누이 사이였다. 근친상간은 모세의 율법에서도 엄격하게 금하고 있는 금기사항이었다(레 18:9, 11, 20:17, 신 27:22). 따라서, 암논이 자신을 범하지 않는다면, 아버지 다윗이 암논과 자신의 결혼을 허락해 줄 것이라고 외치는 다말의 간청은(삼하 13:13) 암논의 악행을 막아보려는 그녀의 필사적인 몸부림으로 해석하는 것이 타당할 것이다. 아마 암논도 그 금기법을 당연히 알고 있었을 것이다. 그래서 더더욱 다말의 요청을 받아들이기가 싫었을 것이다. 암논은 다말을 강제로 범하고 난 후에는 그녀를 버려버린다. 그리고 그것은 악행에 또 다른 악을 더하는 행위였다.

4. 성적학대가 가져오는 정신적, 영적 결과는 무엇인가?

5. 암논이 다말을 범한 후에, 왜 그녀를 향한 암논의 '사랑'이 '증오'로 바뀌었다고 생각하는가?

6. 이 학대사건으로 다윗의 가정에 불어 닥친 후유증들은 어떤 것들이었는가?

암논, 다말, 그리고 압살롬

우리가 잘 알고 있는 대로, 사무엘하 13장의 '암논과 다말 사건'은 특히 그 다음 일곱 장(章)들 속에 나오는 또 다른 사건들을 촉발시키는 방아쇠 역할을 하게 된다. 암논은 차기 대권자의 서열에 서있었고, 다말의 친오라비 압살롬이 바로 암논의 뒤에 있었을 것이다. 그러나 암논의 범죄행위는 압살롬의 마음속에 강렬한 증오심과 분노심을 불러일으켰다. 압살롬은 즉시로 행동하지는 않았지만 적당한 때를 기다리고 있다가, 이년 후에, 기어이 복수의 칼날을 휘두르게 된다. 그는 결국 암논을 잔치석상에서 살해하고 만다. 그리고 압살롬의 그런 행동은 아버지 다윗과의 관계에도 불화의 요인으로 작용하게 되었고, 종국에는 아버지 다윗 왕에 대한 반란으로까지 이어진다. 우리는 이러한 일련의 사건들을 바라보면서, 한 사람의 절제되지 않은 욕망이 얼마나 크고 끔찍한 재앙들을 가정과 나라에 몰고 올 수 있는지를 돌아보게 된다.

7. 사람들이 결혼 관계에 가지고 들어오는 감정의 응어리들에는 어떤 종류의 것들이 있는가? 그리고 그 마음의 앙금들이 결혼생활에 미치는 영향들은 무엇인가?

8. 마음속 오랜 상처들로부터의 해방을 가능케 해줄 수 있는 치유에는 어떤 단계들이 있는가?

▶ 부부 코너

과거의 학대 경험에 대하여 조심스럽게 서로 이야기해보라. 그리고 그 경험이 현재 결혼생활에 영향력을 행사하고 있는지도 살펴보라. 만약 그렇다면 '질문 8'에 대한 대답을 다시 한번 확인해보고, 어떤 단계의 치유가 적절한지에 대해서 함께 생각해보라.

▶ 보너스

사무엘하 11장과 12장을 읽어보라. 거기에 나오는 '다윗과 밧세바' 의 이야기와 13장에 나오는 '암논과 다말' 의 이야기 사이에 어떤 유사성이 발견되는가?

그 두 가지 사건들이 우리에게 가르치고 있는 교훈은 무엇인가?

본격 탐구 노트

Study 5. 학대는 상처를 낳고 <삼하 13:1-22>

목적: 과거에 학대당한 경험이 부부관계에 미치는 영향에 대해 이해하고, 옛 상처로부터의 해방에 대한 소망을 확신하고자 함.

개요. 학대가 인간관계에 미치는 장기적인 영향력은 많은 사람들이 상상하는 것 훨씬 그 이상이다. 우리는 심각한 학대의 대상이 우리 자신인 경우에조차도, 종종 우리 주변의 사람들이 얼마나 많이 우리와 비슷한 상처를 입고 있는지를 잘 인식하지 못한다. 또 학대는 여러 가지 다양한 정도로 나타난다. 따라서 심각하게 상처를 입지 않았다할지라도, 깊이 파고드는 죄의 특성상, 우리 모두는 과거의 '상처들' 과 싸우고 있는 것이다.

질문 1. 암논은 이룰 수 없는 '사랑' 때문에 아팠다. 왜냐하면, 다말은 그에게 있어서 '금단의 열매' 였기 때문이었다. 그 둘은 배다른 남매였다. 다말을 정상적인 방법으로는 취할 수 없다는 사실이 암논의 욕망을 더욱 자극했던 것이 틀림없다. 암논의 '상사병' 은 단지 '부정한 집착' 일 뿐이었다. 물론 이성에게 느끼는 그런 강렬한 열정이 항상 잘못된 것은 아니다. 그것이 '합법적인' 경우도 얼마든지 있다. 아가서도 한 남자를 향한 한 여자의 '정당한 상사병' 을 묘사해주고 있다(아 5:8 "내 사랑하는 자를 만나거든 내가 사랑하므로 병이 났다고 하려무나."). 그러나 암논의 경우는 달랐다. 그가 일단 욕망에 눈이 멀게 되자, 다말은 그의 학대를 막아내기 위해서 어찌해볼 아무런 도리가 없었다. 이것이

바로 '아가서의 상사병' 과 '암논의 상사병' 이 다른 점이다. 자기집착적인 욕망은 상대방을 귀하고 존중받아야 할 존재로 바라보지 않는다. 반면에, '순전한 상사병' 은 상대방을 소중하고 귀중한 존재로 바라본다.

질문 2. 성경은 요나답을 '교활' 하고 '간교한' 자라고 기록하고 있다. 이 단어는 히브리어로 '지혜롭다' 는 뜻을 가지고 있기도 하다. 지혜는 삶의 기술이다. 그러나 요나답은 그의 좋은 재능을 악한 음모를 꾸며내는 일에 사용하였다. 바로 암논으로 하여금 그(암논)의 누이이자 또 자기 자신(요나답)의 사촌 여동생이기도 한 다말을 성폭행하라는 사악한 꾀를 내는 일에 말이다. 우리는 어떤 문제 해결을 위한 조언을 다른 사람들로부터 구하게 될 때, 아주 조심해야 한다. 우리가 조언을 요청하는 그 사람이 우리의 사고와 결정에 영향력을 행사하도록 허락하기 이전에, 먼저 그 사람의 인격을 주의 깊게 살펴볼 필요가 있는 것이다.

질문 3. 지금 요나답이 암논으로 행동하게끔 만드는데 있어서 '왕자' 라는 암논의 '지위' 와 '권력' 에 호소하고 있는 점을 주목해보라. 물론 암논은 다말만을 홀로 자신의 방에 남도록 하는 일에 자신의 '권력' 을 사용하였다. 그리고 다말을 강제로 범하는 일에 자신의 '완력' 을 동원하였다. '가학자' 들을 보면 대부분이 '권력' 이든 '재력' 이든 아니면 '완력' 이든, '힘' 을 가지고 있는 자들이 많다. '힘' 을 가지고 있을 때, 더욱 자신을 낮출 줄 아는 겸손함이 필요하다.

질문 4. '피학자' 인 다말은 성적학대의 결과를 '수치' 라고 하였다. 그녀는 자신의 이복오빠로부터 성폭력을 당했다는 수치감을 평생 안고 살아야만 했을 것이다. 또한 '가학자' 인 암논 역시 그런 짓을 저지른 악하고 어리석은 자라는 꼬리표를 달고 살았어야 했을 것이다.

질문 5. 그 이유에 대해 성경은 언급하고 있지 않다. 하지만 우리는 몇 가지를 추측해 볼 수 있다. 첫째로, 다말이 옳았음을 깨달았기 때문일 것이다. 암논은 다말의 말대로 자기의 어리석고 악한 행동이 자신의 명예를 완전히 실추시켰다는 사실을 뒤늦게 인식했을 것이다. 둘째로, 다말의 친오빠 압살롬이 자기에게 복수할지도 모른다는 느낌이 들었기 때문일 수도 있다. 셋째로, 자신이 다말에게 성적 매력을 느끼게 된 것은 자신의 잘못

이 아니라 바로 다말의 탓이라고 생각했기 때문일 수도 있다.

욕망은 충족되어져야만 하는 강렬한 충동을 불러일으킨다. 하지만 어떤 경우이었든 간에, 암논의 행동은 자신이 얼마나 이기적이고 자기중심적인 인간인지를 드러내 보이는 것이었다. 그는 상대방을 전혀 배려할 줄 몰랐다. 심지어 자신이 사랑하고 돌봐주어야 할 다말과 같은 누이동생에게조차도 말이다.

질문 6. 질문 바로 밑에 있는 '부연 설명란' 을 참조하라.

질문 7. 반원들로 하여금 자신들의 경험에 근거하여 서로의 이야기를 나눠보도록 하라.

질문 8. 무엇보다도, 치유는 '고백' 이 없이는 이루어질 수 없다. 고백은 치유의 첫 번째 단계이다. 고백이란 문제라는 현실의 쓰라림을 회피하려는 노력 없이 사실 그대로를 솔직히 인정하는 것이다. 고백은 내 자신의 눈 속에 들어있는 '들보' 를 들추어내는 일뿐만이 아니다. 그것은 다른 사람들이 나에게 행한 악행들을 하나하나 진술하는 것이기도 하다. 계속해서 고백은 '비통함' 으로 우리의 마음을 열어놓는다. '고백' 에 이어 치유에서 중요한 두 번째 작업은 내가 가했던 혹은 나에게 가해졌던 상처들에 대한 아픔을 기술하는 것이다. 세 번째로, 과거의 상처들에 대해 비통해하는 일은 다시금 우리의 마음을 '정당한 분노감' 으로 열어간다. 하지 말았어야 할 일을 했다는 혹은 더 이상 고통당하지 말았어야 했는데 계속해서 스스로를 고문하여 왔다는 분노감으로 말이다.

치유는 바로 '고백' 과 '비통함' 과 '분노감' 의 단계를 포함하고 있다. 이러한 과정들은 우리에게 용서를 받아들이고 또 용서를 베풀 것을 요청한다. 하지만 치유는 그렇게 간단하거나 이생에서 완전하게 완성될 수 있는 것은 아니다. 그러나 수용이나 회개의 결과는 마음과 영혼의 자유함이며, 십자가의 놀라운 은혜로의 회복이다. '치유' 에 관한 좀 더 자세한 안내를 받기 원한다면, 저자의 또 다른 저서인 "상처받은 영혼(The Wounded Heart)" 을 참고하면 도움이 될 것이다.

보너스 질문. 다윗은 암논의 경우처럼 밧세바를 강제로 추행한 것은 아니었지만, 자신에게 '허락되지 않은' 여인과 부적절한 관계를 맺었다는 점에서는 암논과 다를 바가 없다. 밧세바는 분명히 남편이 있었던 여자였기 때문이다. 이 두 사건이 우리에게 주는 한 가지 교훈은 "학대는 또 다른 학대를 낳는다." 라는 사실이다.

6

교회가 해답이다

IT TAKES A CHURCH...

"부부간의 문제가 생겨도 우리 부부는 그 문제에 대해 마음 터놓고 얘기할 사람이 없어요."

"아내가 아이를 출산한 후, 산후우울증에 깊이 빠졌었어요. 어찌할 바를 몰라 쩔쩔매고 있었는데, 전문 상담가로부터 큰 도움을 받았어요."

"남편과 저는 교회 부부모임에 이년 째 참석하고 있어요. 물론 모든 이야기를 다 나눌 수 있는 것은 아니지만, 함께 이야기할 사람들이 있다는 게 얼마나 좋은지 모르겠어요. 특히나 그 사람들이 우리 부부가 지금 겪고 있는 문제들을 이미 다 경험해본 분들이라는 사실은 저희들에겐 큰 축복이에요."

▶ 여는 말

결혼이란 두 사람이 한 몸이 되는 것이므로, 부부는 인생의 '혼돈' 도 함께 경험하게 된다. 전도서 4:9의 말씀처럼, 하나보다는 둘이 더 낫다. 왜냐하면, 둘이 함께 노력하면 더 좋은 결과를 얻기 때문이다. 하지만 모든 부부들은 자신들이 현재 겪고 있는 일들을 동일하게 앞서 경험해본 사람들의 도움 또한 필요하다. 전도서는 계속해서 말씀한다. 둘도 좋지만, 셋은 훨씬 더 좋다고 말이다(전 4:12). 사실, 살다보면 부부들이 자신들 스스로 헤쳐 나가기 어려운 순간들이 종종 있다.

다른 사람들이 당신 부부에게 격려와 힘을 주었던 방법들에는 어떤 것들이 있는가?

▶ 본격 탐구

아이를 키우는데 마을이 필요하다면, 가정이 건강하게 세워지는 데에는 '교회' 가 필요하다. 즉, 다른 그리스도인들이 필요하다는 것이다. 결혼 관계의 복잡성을 잘 알고 있기에, 이 장은 독자들로 하여금 부부들을 위한 '후원자' 들의 중요성을 말씀하고 있는 성경 구절들을 숙고해보도록 초청하고 있다. 공식적이든 혹은 비공식적이든, 부부를 위한 '후원자' 들은 해당 부부들이 결혼한 햇수가 얼마 되었든 지에 상관없이, 그들에게 조언과 실질적인 도움을 제공할 수가 있다.

성경 읽기 〈잠언의 말씀들〉

- 지략이 없으면 백성이 망하여도 지략이 많으면 평안을 누리느니라 (11:14)
- 미련한 자는 자기 행위를 바른 줄로 여기나 지혜로운 자는 권고를 듣느니라 (12:15)
- 의인은 그 이웃의 인도자가 되나 악인의 소행은 자신을 미혹하느니라 (12:26)
- 교만에서는 다툼만 일어날 뿐이라 권면을 듣는 자는 지혜가 있느니라 (13:10)
- 너는 권고를 들으며 훈계를 받으라 그리하면 네가 필경은 지혜롭게 되리라 (19:20)
- 의논이 없으면 경영이 무너지고 지략이 많으면 경영이 성립하느니라 (15:22)
- 경영은 의논함으로 성취하나니 지략을 베풀고 전쟁할지니라 (20:18)
- 지혜로도 못하고, 명철로도 못하고 모략으로도 여호와를 당하지 못하느니라 (21:30)
- 지혜 있는 자는 강하고 지식 있는 자는 힘을 더하나니 너는 전략으로 싸우라 승리는 지략이 많음에 있느니라 (24:5-6)

1. 잠 13:10은 '교만한 자' 와 '충고를 받아들이는 자' 를 대조하고 있다. 어떻게 '교만' 은 다른 사람의 조언을 무시하고 거부하도록 만드는가?

   부부관계에 관한 충고를 구하는 일에 있어서 '교만' 이 끼어드는 것이 왜 그토록 문제가 되는가?

2. 어떻게 교만한 태도를 버리고 다른 사람의 권면에 자신을 열어놓을 수 있는가?

부부를 위한 잠언서의 조언

잠언서는 일종의 '조언서'이다. 잠언서의 목소리는 지혜자의 것이다. 특별히 자신의 아들에게 인생을 잘 살아갈 수 있는 지혜를 전수해주려는 한 아버지의 음성이다. 그 속에는 문제들을 예방할 수 있는 법, 실수했을 경우에도 당당하고 지혜롭게 그 상황으로부터 빠져나오는 방법 등에 관한 조언들이 들어있다. 또 이 장에 소개된 몇몇 말씀들은 나라를 경영하는 일, 특히 전쟁을 수행하는 일과 관련된 잠언들이다. 그러나 그 말씀의 원리들은 인생의 다른 문제들 속에서도 유용한 효력을 지니고 있다. 그리고 거기에는 부부관계의 영역도 당연히 포함이 된다. 실제로 지혜자인 아버지가 아들에게 주고 있는 조언들 중 그 상당 부분이 결혼과 관련된 것이기도 하다. 특히 5~7장까지는 더욱 그렇다. 한마디로, 잠언서는 그 전체가 지혜로운 권고를 받아들이는 일의 중요성에 대하여 설파하고 있는 책이라 할 수 있다.

3. 충고를 받아들이지 않거나 무시해버려야 할 때도 있는가?

만약 그렇다면, 어떻게 그 때를 분별할 수 있는가?

4. '선한 충고'와 '악한 충고'의 차이점은 무엇인가?

5. 어떤 부부가 더 이상 다른 사람의 조언을 필요로 하지 않을 정도의 경지에까지 도달할 수 있다고 생각하는가?

6. 부부가 상담 전문가의 도움을 구해야만 할 시점은 어느 때라고 생각하는가?

7. 잠 21:30은 충고하는 일이나 계획을 세우는 일 등에 관하여 최후의 결론을 내려주고 있는 말씀으로 들린다. 이 잠언은 부부들에게 무엇을 교훈하고 있는가?

▶ 부부 코너

당신 부부는 결혼생활에 있어서 도움을 위해 찾아갈 사람이 있는가?

그런 사람들이 필요하다고 생각하는가? 만약 그렇지 않다고 생각한다면, 왜 그런가?

만약, 필요하다고는 생각하는데, 그런 사람이 주위에 없는 경우라면, 어디에서 그런 사람을 찾을 수 있는가?

▶ 보너스

당신의 부부관계에 도움과 격려제가 될 수 있는 교회나 다른 단체 내의 이용 가능한 프로그램들이나 정보들에 대해서 자유롭게 의견을 교환해보라.

본격 탐구 노트

Study 6. 교회가 해답이다 <잠언의 말씀들>

목적: 부부간에 '긴장'과 '집착'의 문제들이 있을 때, 아내나 남편 혼자서 혹은 부부 홀로 그 문제들과 싸워야만 할 필요가 없음을 인식하기 위함.

질문 1. 교만한 사람들은 자신이 모든 것을 다 알고 있으며, 자기 혼자서 모든 것을 다 할 수 있다고 생각한다. 그런 사람은 다른 사람들의 충고를 받아들일 필요성을 느끼지 못한다. 자신은 틀릴 일이 없다고 생각하기 때문이다. 적지 않은 사람들이 이런 교만에 빠져있다. 그들은 그 누구의 권고도 받아들이려 하지 않는다. 그리고 그런 교만의 정도도 여러 가지이다. 특히 부부간의 문제에 있어서 충고를 수용하지 않으려는 교만은 문제가 더 심각하다. 왜냐하면, 부부관계의 성장과 성숙을 '질식사' 시키기 때문이다. 다른 사람의 조언을 기꺼이 받아들여 자신의 실수를 고쳐가려고 하지 않는 사람은 반드시 동일한 실수를 반복할 사람이다. 남편과 아내 중 어느 한쪽이 상대 배우자의 건전한 비판과 충고마저 듣기 싫어하는 교만한 사람인 경우에는 결혼생활이 참 어려워진다.

질문 2. 교만은 '두려움' 으로부터 비롯되는 경우가 많다. 우리는 우리 자신이 틀렸다거나 혹은 다른 사람의 도움이 필요하다는 말을 듣는 일을 두려워한다. 왜냐하면, 그것은 곧 우리 자신이 우리의 인생을 완전히 통제하고 있지 못하다는 의미이기 때문이다. 그런데 아이러니하게도, 그런 두려움에서 시작된 교만은 우리의 인생을 실수의 연속으로 이끌어간다. 잠언 성경은 우리에게 권고한다. '사람' 이나 '환경' 을 두려워하지 말고, '하나님' 을 두려워하라고 말이다(잠 1:7). 만일 우리가 정말로 '하나님' 을 두려워한다면, 우리는 그 어떤 '사람' 이나 그 어떤 '환경' 도 하나님의 주권하에 있음을 알게 될 것이다. 물론 우리 자신이 완벽한 존재가 아니라는 사실도 함께 말이다. 우리는 우리 자신의 연약함과 부족함을 인정할 필요가 있다. 그리고 다른 사람들의 도움 또한 필요한 존재임을 받아들여야 한다. 더더욱이 가장 중요한 하나님의 도움은 두말할 필요도 없는 것이고 말이다.

질문 3. 지혜로운 사람들만 우리에게 조언을 해주는 것이 아니다. 또 지혜로운 사람이라고 해서 항상 우리에게 도움이 되는 충고만을 해주는 것도 아니다. 따라서 모든 충고들은 먼저 하나님의 말씀의 조명과 기도를 통해서 분별되어져야만 한다. 또 한 가지 중요한 것은 어느 한 사람만의 조언을 절대시하지 말라는 것이다. 가능하면, 두 사람 이상으로부터 충고를 구하라. 그리고 두 사람 이상의 지혜로운 조언자들이 동일한 충고를 해주는 경우라면, 그 충고는 특별히 주의를 기울일 필요가 있는 것이다.

질문 4. '지혜' 와 '경건' 과 '의로움' 이 '어리석음' , '불경함' , '사악함' 과 어떻게 대비되어지고 있는지에 주목하면서 잠언서 전체를 읽게 되면, '선한 충고' 와 '악한 충고' 의 차이점을 확실히 알 수가 있다. '악' 은 결국 사람을 타락의 길로 이끈다. 하나님과 자신의 선한 의지로부터 멀어지도록 만든다. 잠언서가 내내 강조하고 있듯이, '악한 충고' 는 생명을 죽이고 사망을 불러일으키는 일들 속으로 사람을 유혹한다. 반면, '선한 충고' 는 생명을 살리고 사망을 몰아낸다. 특히 잠언 8:1~9:6까지에 기록된 '지혜' 의 초청과 9:13~17까지에 나와 있는 '어리석음' 의 유혹을 비교하면서 읽어보라.

질문 5. 다른 사람의 충고가 필요 없을 만큼의 깊이와 연륜을 지닌 부부관계는 없다. 심지어 지혜로운 자조차도 지혜 안에서 계속 더 자라가야 하는 법이다(잠 1:5 "지혜 있는 자는 듣고 학식이 더할 것이요."). 만약 개인이나 부부가 자신들은 더 이상의 조언이 필요 없을 정도로 성숙하다고 생각한다면, 그들은 관계를 무너뜨릴 수 있는 교만에 이미 빠져있는 것이다.

질문 6. 일반적으로, 모든 부부관계는 다른 사람들의 조언으로부터 유익을 얻을 수가 있다. 그러나 어떤 부부들은 외부 상담가의 도움이 반드시 필요한 시점에 와있는 경우들도 있다. 특히나, 문제가 있을 때 보통 찾아가는 친구들의 충고가 일치하지 않고 가지각색일 때는 전문가의 전문적인 판단력이 필요한 시기일 것이다. 도움을 구할 수 있는 상담가는 교회의 목회자나 장로님이 될 수도 있고, 기독인 상담 전문가일 수도 있을 것이다.

질문 7. 최종적인 권위는 '하나님의 말씀' 이다. 우리가 계획을 세울 수 있고, 좋은 충고들은 받아들일 수도 있다. 그러나 '하나님' 과 '그분의 말씀' 보다 우선할 수 있는 것은 없다. 그리고 그러한 사실은 우리에게 용기와 힘을 준다. 왜냐하면, 하나님은 세상의 그 어떤 조언자들보다도 우리를 훨씬 더 사랑하시고 돌보시는 우리의 아버지이시기 때문이다. 그렇다면, 어디에서 우리의 삶을 향하신 하나님의 뜻을 가장 명확하게 들을 수 있는가? 바로 '성경' 이다. 그래서 이 책을 비롯한 나머지 모든 교재들이 성경을 탐구하는 일을 통하여 하나님의 음성을 들을 수 있도록, 독자들을 성경 속으로 초대하고 있는 것이다.

지도자를 위한 메모

"내 은혜가 네게 족하도다" (고후 12:9)

성경공부를 인도하는 일은 가슴 설레고 유익한 경험이 될 것이다. 그러나 그것은 동시에 두려운 일이 될 수도 있다. 특히 이번이 처음이라면 말이다. 하지만 이것이 혹 당신이 느끼는 감정이라 할지라도 크게 걱정할 일은 아니다. 왜냐하면 성경의 많은 위대한 인물들도 같은 마음이었기 때문이다. 잘 아는 대로, 하나님께서 모세에게 이스라엘 백성들을 출애굽시키라는 사명을 주셨을 때, 모세는 이렇게 대답했었다. "주여, 보낼만한 자를 보내소서"(출 4:13). 그 이외에도 솔로몬, 예레미야, 디모데 등등 많은 성경의 위인들이 그러하였다. 그러나 하나님은 그들의 연약함에도 불구하고, 그들을 도우시고 그들을 사용하셨다. 그분은 당신도 도우실 것이다.

당신이 반드시 성경 전문가나 성경공부를 이끌만한 훈련된 교사일 필요는 없다. 이 교재는 기본적으로 지도자가 성경공부 반원들이 성경이 말씀하고 있는 바를 스스로 알아가도록 이끌 수 있게 구성되어져있다. 이러한 탐구 방식은 성경공부 참가자들이 강의를 일방적으로 듣는 것보다 훨씬 더 많은 내용을 이해하고 기억할 수 있도록 도움을 줄 것이다.

이 교재의 각 장(章)들은 성경공부를 이끌어가기 쉽도록 설계되었다. 사실, 읽고 해석하고 적용하는 단계에 이르기까지, 성경 본문과 관련된 일련의 질문들이 너무 자연스러워서 교재 스스로가 성경공부를 이끌어간다는 느낌을 받게 될 것이다. 또한 이 교재는 얼마든지 융통성 있게 사용할 수 있다. 학생 그룹이나 전문직 종사자 그룹, 이웃사람 그룹, 또는 교회 소그룹 등, 다양한 모임들에서 활용할 수 있다. 교재의 각 장(章)들은 그룹 모임의 경우, 대략 45분에서 1시간 정도의 시간이 소요될 것이다.

성경공부 모임의 역동성과 활발한 토의를 위해 알고 있어야 할 몇 가지 중요한 사실들이 있다. 아래에 제시되어있는 조언들은 당신이 지도자로서의 역할을 효과적으로 그리고 행복하게 수행해나갈 수 있도록 도와줄 것이다.

성경공부를 위한 준비작업

1. 무엇보다도 하나님께 도움을 구하라. 당신이 주어진 말씀들을 정확하게 이해하고, 당신 자신이 먼저 그 말씀들을 당신의 삶에 적용할 수 있도록 말이다. 이 일이 선행되지 않는 한, 당신은 아직 지도자로서 다른 사람을 이끌 준비가 되지 않은 것이다. 하나님께서 당신의 마음을 열어 그분의 말씀의 의미를 올바로 깨닫고, 말씀대로 실천할 수 있도록 도와주시기를 요청하라. 또한 모임에 참여하는 다양한 배경의 반원들을 위해서도 기도하라.

2. 이 책의 대략적인 개관과 탐구하게 될 문제들에 대한 전체적인 윤곽을 파악하기 위해서 교재 맨 앞부분의 "여정을 시작하면서" 부분을 읽어보라.

3. 교재의 매 장(章)을 공부할 때마다 각 장마다 제시되어진 성경 본문을 미리 여러 번 읽고 묵상하라. 그 말씀에 익숙해지도록 하라.

4. 이 교재에 나오는 성경 본문들은 거의 대부분의 경우, 개역개정과 개역한글 그리고 표준새번역 성경에 기초를 두고 있다. 더 깊은 탐구와 토의를 위해 또 다른 다양한 성경 번역본들을 추가적으로 참고해보는 것도 도움이 될 것이다.

5. 각 장의 모든 질문들에 충실하게 답변하라. 그리고 답하기 전에 시간을 들여 그 질문들에 대해 깊이 생각하고 묵상해보라.

6. 질문들 아래에 마련되어 있는 빈 공간에 당신의 생각과 의견들을 적어보라. 당신이 얼

마만큼 말씀을 이해하고 있는지 그 정도를 명확하게 볼 수 있도록 해줄 것이다.

7. 성경사전을 한 권 곁에 두는 것도 도움이 될 것이다. 익숙하지 않은 용어나 낯선 인명이나 지명 등을 찾아볼 수 있도록 말이다.

8. 본문의 말씀들을 먼저 당신의 삶에 어떻게 구체적으로 적용할 수 있는지에 대해 고민해보라. 왜냐하면, 성경공부 참가자들은 지도자인 당신의 인도를 따를 것이며, 지도자인 당신보다 더 깊은 깨달음의 자리에 들어가기가 쉽지 않을 것이기 때문이다.

9. 일단, 공부하게 될 성경 본문을 당신 스스로 연구하고 묵상하는 일을 마쳤다면, 교재의 각 장(章) 뒷부분에 나와 있는 "본격 탐구 노트"를 읽고 그 내용을 숙지하라. 이것은 여러 가지 면에서 당신에게 도움이 될 것이다.

   첫 번째로, "본격 탐구 노트"는 저자가 각 장을 쓸 때에 마음에 품고 있었던 목적에 대해서 알려줄 것이다. 따라서 각 장의 질문들이 어떻게 그 목적을 이루어가게 되는지를 시간을 들여 숙고해볼 수 있다.

   두 번째로, "본격 탐구 노트"는 다양한 질문들에 대한 배경 정보와 조언들을 제공해줌으로써 성경공부모임이 좀 더 활기차게 진행되는 일을 가능하게 해줄 것이다. 질문들에 대한 배경 정보는 반원들이 질문에 답하는 일이나 질문 자체를 이해하는 일이 어려울 때, 유용하게 활용될 수 있을 것이다.

   세 번째로, "본격 탐구 노트"는 성경공부를 하는 동안 당신이 부딪힐지도 모르는 돌발 가능한 문제들에 대해서도 사전에 준비할 수 있도록 도움을 줄 것이다.

10. "지도자를 위한 메모"나 "본격 탐구 노트"에서 언급한 내용들 중 특별히 기억하고 있어야 할 사항들이 있다면, 각 장의 질문들 아래나 옆 여백에 당신만을 위한 메모를 해두는 것도 좋을 것이다.

성경공부인도하기

1. 정한 시간에 늦지 않게 시작하라. 하나님께서 모든 반원들이 말씀을 제대로 이해하고 올바로 적용할 수 있도록 도와주시기를 요청하는 기도로 시작하라.

2. 모든 반원들이 자신들의 교재를 각자 가지고 있는지를 확인하라. 그리고 함께 모여 공부하기 이전에, 집에서 각 장(章)의 질문들에 대해서 미리 생각해오도록 격려하라.

3. 모임의 첫 시간에, 이 교재가 '강의용'이 아니라 '토의용'임을 주지시키라. 반원들이 적극적으로 토의에 참여할 수 있도록 독려하라. 그러나 처음 며칠이나 몇 주 동안은 혹 말하기를 꺼려하는 반원이 있더라도 발표를 강요하지는 마라. 그리고 아래의 지침들을 반원들에게 전달하라.

   - "현재 토의되고 있는 주제에 집중하십시오."
   - "여러분의 답변은 우리 토의의 중심점인 성경 본문에 기초를 두어야 합니다. 다른 해설들이나 다른 발표자들과 같은 성경 이외의 권위에 기초를 두어서는 안됩니다."
   - "이 곳에서 토의된 모든 내용들은 본인으로부터 허락을 받은 특별한 경우가 아닌 이상, 절대로 모임 밖에서 회자되는 일이 없도록 비밀에 부쳐져야 합니다."
   - "다른 사람의 의견을 경청하고, 모든 반원들이 자신의 생각을 말할 수 있는 기회를 갖도록 서로 배려해주어야 합니다."
   - "서로를 위해 기도해주십시오."

4. 성경 본문을 읽기 전에 "여는 말"의 질문이 먼저 제시되어져야 한다. 왜냐하면, 그것들은 각 장의 주제들을 소개하는 역할을 담당하고 있으며, 성경공부 참가자들로 하여금 마음을 열게 하는 촉매제가 되기 때문이다. 가능한 한 더 많은 반원들이 토의에 적극적으로 참여할 수 있도록 격려하며, 그들 자신의 답변들로 토의가 시작되어 나가도록 분위기를 조성하라.

   "여는 말"은 당신이나 반원들의 생각과 느낌들 중 어떤 부분이 성경적으로 변화되어져야할 필요가 있는 지를 드러내 보여주도록 설계되어졌다. 따라서 "여는 말"의 토의를 위한 질문이 주어지기 전에 성경 본문을 읽어서는 안 된다. 이것은 중요한 순서이다. 토의 질문에 대해 자유스럽게 말해보기 전에 성경 본문을 먼저 읽게 되면, 정답인 성경대로 말해야만 한다는 생각 때문에 반원들이 원래 가지고 있었던 자신들의 의견을 정직하게 내어놓을 수 없게 되기 때문이다.

5. 반원 중 한 명이나 혹은 여러 명이 대표로 성경 본문을 큰 소리로 읽게 하라. 그리고 모든 반원들이 그 말씀을 다시금 조용히 묵상할 수 있는 시간을 몇 분 정도 허락하라.

6. 각 장(章)의 "질문 1"들은 성경 본문 전체를 간략하게 숙고해볼 수 있도록 의도된 질문들이다. 반원들로 성경 본문 전체를 보도록 하되, 뒷부분에 이어 나오게 될 질문들이나 문제들로 인해 미리 마음이 분산되지 않도록 하라.

7. 교재의 질문들을 반원들에게 물어볼 때, 그 질문이 쓰여진 원래의 의도가 훼손되지 않도록 주의하라. 질문들을 있는 그대로 그냥 큰소리로 읽어주어도 좋다. 또는 그 질문들을 당신 자신의 말로 바꾸어 표현할 수도 있다.

   그리고 경우에 따라서는 교재상의 순서에서 벗어나 토의를 진행해야 하는 일이 발생할 때도 있을 수 있다. 예를 들면, 한 질문의 답이 토의 도중 이미 이야기되어 버렸거나, 또는 누군가 교재에 나와 있지 않은 어떤 중요한 질문을 제기하게 되는 때이다. 전자의 경우엔, 그 다음 질문으로 넘어가면 될 것이다. 그리고 후자의 경우라면, 시간을 내어 그 문제에 대해 함께 생각해보라. 하지만 본 주제에서 너무 벗어나지 않도록 주의하라.

8. 큰 직사각형 안의 부연 설명들은 성경 본문에 대한 좀 더 자세한 배경 정보들을 담고 있다. 그 정보들이 토의에 도움이 된다고 여겨진다면, 소리내어 그것들을 읽어보아도 좋다. 하지만 토의에 방해가 될 것 같은 경우라면, 반원들 각자가 속으로 읽어보게 해도 괜찮을 것이다.

9. 주어진 질문들에 당신이 먼저 답을 주는 일은 가급적 피하라. 필요하다면, 반원들이 해당 질문을 명확하게 이해할 수 있을 때까지 질문을 반복해서 읽어보도록 하거나 풀어 설명해주라. 또는 당신이 "본격 탐구 노트"에서 읽었던 내용들 중에서 그 질문의 문맥이나 의미를 분명히 해줄 수 있는 어떤 것을 이야기해주라. 진지한 반원들이라면 지도자인 당신의 의견을 크게 존중하고 잠잠히 수용할 것이다.

10. 반원들의 침묵을 두려워하지 마라. 그들도 자신들의 답변을 내놓기 전에 해당 질문에 대해 생각할 시간이 필요할 것이기 때문이다.

11. 한 사람의 대답에 만족하지 말라. "다른 분들은 어떻게 생각하시나요?" 또는 "다른 의견은 없으신가요?" 라고 물으라. 더 많은 반원들이 적극적으로 토의에 참여할 수 있도록 말이다.

12. 모든 답변들을 있는 그대로 인정해주라. 가능한 한 언제나 긍정적인 태도를 보이라. 절대로 반원의 답변에 대해 부정하지 말라. 만약 답변이 명백하게 질문의 의도에서 벗어난 것이라면, 이런 식으로 다시 물으라. "몇 절의 말씀에 근거하여 그런 결론을 내리게 되셨나요?" 또는 "다른 분들의 생각은 어떠신가요?"

13. 처음에는 반원들이 당신의 눈을 보며 자신들의 의견을 말하겠지만, 모든 반원들의 시선이 항상 당신에게만 집중되어져야 한다는 생각은 버리라. 반원들이 서로 친해지게 되면, 지도자만을 바라보는 대신 서로를 향해 자유스럽게 의사소통을 시도할 것이다. 따라서 너무 서운하게 생각하지 말라. 그것은 모임이 건강한 방향으로 나아가고 있다는 한 증거이기 때문이다.

14. 또한 논쟁을 두려워해서는 안 된다. 논쟁이 오히려 자극제가 될 수도 있기 때문이다. 어떤 문제를 완벽하게 해결하지 못했다 할지라도 실망하지 마라. 계속해서 토의를 진행해가라. 답을 얻지 못한 질문은 다음 기회로 미뤄두라. 지속적으로 공부해가는 중에 자연스럽게 문제가 풀릴 수도 있기 때문이다.

15. 반원들이 토의한 내용들을 규칙적으로 요약하여 기록해두라. 이것은 토의되어졌던 여러 다양한 의견들을 규합할 수 있는 좋은 방법이며, 성경공부에 일관성을 더해줄 수 있는 유익한 방책이다. 그러나 그 내용들에 대해 가르치려고 들지는 마라.

16. 매 성경공부가 끝날 즈음에는 부부들에게 "부부 코너"의 내용들에 대해 서로 토론해보고, 개인적인 적용을 해볼 수 있는 기회를 제공하라. 공부 모임에서 이런 시간을 갖는 것은 중요하다. 그렇지 않으면, 부부들이 그냥 지나쳐버릴 수도 있기 때문이다. 물

론 필요하다면, 부부들 스스로가 "부부 코너"의 주제들을 전체 공부 시간이 끝난 후에 따로 더 다룰 수도 있을 것이다. 하지만 그 시작을 모임 속에서 당신이 도울 수 있다는 것이다.

17. 반원들로 하여금 부부가 함께 혹은 각자 "보너스" 부분을 미리 예습해 올 수 있도록 독려하라. 그리고 모임 중에 자신들이 깨달은 바를 서로 이야기할 수 있도록 기회를 주라.

18. 제 시간에 마치도록 하라.

이 밖에도 커플 힐링 시리즈 지도자용을 참고하면, 부부 성경공부모임을 인도하는 법에 대한 더 많은 정보들과 도움말들을 얻을 수 있게 될 것이다.

소그룹 모임의 4요소

건강한 소그룹 모임이라면, 단순히 성경을 공부하는 것 그 이상의 일들이 행해져야 한다. 당신이 성경공부모임을 인도하기 위해 시간을 계획할 때 고려해야 할 4가지 요소가 있다.

첫째, '양육' 이다. 소그룹 모임은 각각의 구성원들이 하나님을 아는 지식과 하나님을 사랑하는 일에 있어서 자라가도록 돕는 일을 감당해야 한다. 그리고 여기서 성경 탐구는 그 일을 가능하게 해주는 핵심요건이자 소그룹 모임의 토대가 된다.

둘째, '교제' 이다. 소그룹 모임은 다른 그리스도인들과 깊은 형제애를 확인할 수 있는 소중한 공간이 된다. 따라서 매 성경공부 전후에는 자유롭고 따뜻한 교제를 나눌 수 있는 시간을 확보하는 일이 중요하다. 서로를 알아가는 데 도움이 될 만한 활동이나 게임 등을 계획해보는 것도 좋을 것이다. 예를 들면, 함께 소풍가기라든지, 저녁 식사 함께 요리하기라든지, 함께 운동하기 등과 같이 즐겁게 시간을 보낼 수 있는 것들로 말이다.

셋째, '경배와 기도' 이다. 반원들이 한 마음으로 하나님께 찬양과 기도를 드리는 시간을 갖는 것은 성경공부의 효과를 배가시킬 것이다. 서로의 필요와 성장을 위해 기도하

라. 그리고 하나님께서 기도에 어떻게 응답하시는지 주목하여보라. 또한 배운 바를 실제 생활에 적용하며 살아갈 수 있도록 하나님의 도우심을 구하라.

넷째, '섬김' 이다. 다른 사람을 섬기는 일은 배운 것을 삶에 적용하는 실제적인 방법이다. 그리고 이것은 성경공부모임이 자기중심적이 되어가는 일을 방지해줄 것이다. 당신의 친구들이나 이웃들을 위한 일련의 전도 모임을 주최하는 것도 한 가지 좋은 방법이 될 것이다. 또 반원들이 함께 독거노인들의 집을 청소해드리는 일이나, 소년소녀 가장들에게 반찬을 제공해주는 일, 무료 급식소에서 자원봉사를 하는 일, 어려운 이웃들에게 집을 지어주는 봉사활동 등에 참여하는 일들도 마찬가지일 것이다.

이런 분야에 관한 더 많은 정보들과 도움말들을 원한다면, "소그룹을 위한 아이디어 뱅크(Small Group Idea Book)" 나 "소그룹에 관한 큰 생각(The Big Book on Small Groups)" 이라는 책들을 참고하는 것도 좋을 것이다. 이런 유의 책들 중 하나를 통독해 두면, 소그룹 지도자로서의 역할을 감당하는 일에 있어서 여러 가지로 많은 유익을 얻을 수 있게 될 것이다.

바람과 집착

인쇄일 2014년 07월 18일
발행일 2014년 07월 25일

지은이 댄 알렌더, 트렘퍼 롱맨 3세
옮긴이 신겸사
펴낸이 장사경
편집디자인 박소린

펴낸곳 Grace Publisher(은혜출판사)

주소 서울특별시 종로구 종로 65길 12-10
전화 (02) 744-4029 팩스 744-6578
출판등록 제 1-618호(1988. 1. 7)

ISBN 978-89-7917-944-6 04230
ISBN 978-89-7917-934-7 04230 세트